DETECTIVE DE SONRISAS

SERGIO RULICKI

DETECTIVE DE SONRISAS

CURSO AVANZADO DE
COMUNICACIÓN NO VERBAL

GRANICA

BUENOS AIRES - BARCELONA - MÉXICO - SANTIAGO - MONTEVIDEO

Dedicado a la Universidad Austral

© 2013 *by* Ediciones Granica S.A.

ARGENTINA
Ediciones Granica S.A.
Lavalle 1634 - 3º G / C1048AAN Buenos Aires, Argentina
Tel.: +5411 4374-1456   Fax +5411 4373-0669
granica.ar@granicaeditor.com
atencionaempresas@granicaeditor.com

MÉXICO
Ediciones Granica México de C.V.
Valle de Bravo No. 21 El Mirador Naucalpan Edo de Mex.
(53050) Estado de México - México
Tel.: +5255 5360 1010 Fax: +5255 5360 1100
granica.mx@granicaeditor.com

URUGUAY
Ediciones Granica S.A.
Scoseria 2639 Bis
11300 Montevideo, Uruguay
Tel.: +5982 712 4857 Fax: +5982 712 4858
granica.uy@granicaeditor.com

CHILE
granica.cl@granicaeditor.com
Tel.: +56 2 8107455

ESPAÑA
granica.es@granicaeditor.com
Tel.: +34 (93) 635 4120

www.granicaeditor.com

Diseño: El Ojo del Huracán®
Foto de tapa: © Helga Esteb / Shutterstock.com

ISBN 978-950-641-764-2

Hecho el depósito que marca la ley 11.723
Impreso en Argentina. *Printed in Argentina*

Rulicki, Sergio
    Detective de sonrisas : curso avanzado de comunicación no verbal . - 1a
ed. - Buenos Aires : Granica, 2013.

    160 p. ; 22x15 cm.

    ISBN 978-950-641-764-2

    1. Comunicación no Verbal. I. Título
CDD 302.222

ÍNDICE

Cómo me convertí en detective de sonrisas

Comencé a interesarme por la comunicación no verbal (CNV) debido a un impulso inconsciente: estaba insatisfecho con mi capacidad para la comunicación emocional, y en forma intuitiva, este descontento me llevó a prestarle atención al lenguaje del cuerpo.

Mi intuición resultó acertada. El estudio de los gestos y las posturas incrementó mi habilidad para identificar acertadamente las emociones ajenas, y para comprender mejor mis propias emociones. Investigar la CNV también influyó positivamente sobre mi comunicación verbal, ya que descubrí las configuraciones no verbales asociadas al estímulo de la capacidad cognitiva para encontrar las palabras exactas y mantener la fluidez de la comunicación.

Mediante la experimentación con mi propio comportamiento, con el tiempo fui encontrando los patrones de integración verbal-no verbal más adecuados para tratar productivamente con todo tipo de personas, incluidas aquellas con las que antes solía entrar en conflicto debido al choque de nuestras personalidades o creencias.

En otras palabras, la observación de las reacciones ajenas, y el incremento de mi propia conciencia corporal, han mejorado mi capacidad para escoger las estrategias comunicacionales más eficientes en forma coherente con lo que siento. Por medio del conocimiento de la CNV pude empezar a percibir las relaciones humanas de manera más completa, y a través de su práctica encontré un camino para comunicarme de modo más asertivo, empático y auténtico.

La experiencia me ha demostrado que es posible utilizar la CNV en forma deliberada, sin perder espontaneidad. Por el contrario, la integración consciente de los patrones verbales y no verbales produce una sensación de naturalidad, tanto en la percepción como en la expresividad.

Mi conclusión es que la comunicación a través del lenguaje del cuerpo constituye una herramienta efectiva para el desarrollo de la inteligencia emocional. El problema es que no estamos acostumbrados a prestarle suficiente atención.

Este es un libro sobre lo que la CNV puede enseñarnos acerca del manejo de nuestras emociones, nuestras relaciones y nuestra participación transformadora como miembros de la sociedad. He escogido las sonrisas como tema central porque constituyen las expresiones no verbales más profundamente humanas, y como tales, las de mayor influencia en la comunicación interpersonal.

El dibujo de una línea curva con los extremos hacia arriba es identificado universalmente como una sonrisa, pero, como veremos, existen muchas clases de sonrisas diferentes. Cuando las comparamos entre sí, observamos que lo que manifiestan puede ser muy variado.

Nuestro sentido común nos dice que las sonrisas son una manifestación de alegría; no obstante, algunas expresan tristeza. Las hay amables y apaciguadoras, mientras que otras son despectivas y crueles. Sin duda hay sonrisas sinceras, pero también las hay engañosas.

Sobre este último tipo de sonrisas quiero relatar una anécdota ilustrativa. En febrero de 2005 se produjo la intervención del gobierno federal en la provincia de Santiago del Estero, una de las más postergadas de la Argentina. Esta intervención implicó el procesamiento judicial de varios miembros del gobierno local, en el poder durante más de cuarenta años. Unos meses después, por casualidad, una persona que resultó ser un juez de esa provincia entabló una conversación conmigo en la cafetería de la universidad en la que enseño. Este funcionario comenzó a hablar del tema, y se mostró muy interesado en defender a los acusados y desacreditar a los acusadores.

Vi que la situación podía ser una buena oportunidad para poner a prueba algunas estrategias de CNV que estaba estudiando. Adopté entonces los gestos y posturas de la escucha empática, y evité deliberadamente cualquier gesto o postura de desaprobación o escepticismo. Como resultado, mi interlocutor produjo declaraciones cada vez más osadas. Calificaba a la intervención federal de "inquisición", y a sus amigos del poder anterior como "próceres, mártires y santos".

En la observación de la CNV de esta persona me resultó llamativo que, al final de cada nueva afirmación, apareciera en su rostro un tipo de sonrisa muy peculiar. Se trata de un gesto en el que no se elevan ambas comisuras de la boca, sino una sola. Los sujetos de mis investigaciones las han calificado como sonrisas representativas de la "viveza criolla", actitud que incluye la habilidad de mentir en beneficio propio y perjuicio ajeno.

Mi interpretación es la siguiente: la actitud cándida que puse en escena estimuló en mi interlocutor la idea de que me estaba convenciendo, lo que produjo en él sensaciones de autocomplacencia por su capacidad de manipulación. Estas sensaciones se manifestaron corporalmente a través del tipo de sonrisa que he mencionado.

El intento de engaño resultaba obvio, pero ¿acaso todas las sonrisas unilaterales son signo de falsedad, o existen diferencias que hacen que solo algunas de ellas lo sean?

La aplicación de la CNV implica una actitud detectivesca basada en la observación de indicios sutiles emitidos por el cuerpo, cuya interpretación es una combinación de ciencia y de arte, de estudio y de experiencia. Esta conjunción, cuando es hábil, nos permite descubrir las verdades que se ocultan tras la manera habitual que tenemos de percibir las apariencias.

CAPÍTULO 1
Introducción a la CNV

Qué es la CNV

Comunicación no verbal (CNV) es el nombre de la disciplina científica que estudia la expresión, percepción e interpretación de los mensajes que tienen lugar a través de canales diferentes de los del lenguaje hablado y escrito.

La expresión facial de las emociones constituye el aspecto de la CNV que ha sido estudiado con más detalle. Las investigaciones han demostrado que la sorpresa, el temor, la alegría, la tristeza, la ira, el asco y el desprecio tienen expresiones faciales comunes a toda la especie humana, sin distinción de culturas, y por eso reciben el nombre de emociones básicas.

Si bien estas expresiones son universales, su manifestación es regulada a través de pautas culturales de exhibición. Estas reglas estipulan en qué ocasiones y en qué medida estamos autorizados o inhibidos culturalmente para expresar cada emoción particular. Por ejemplo, en presencia de quién está prohibido expresar ira; hasta qué edad está permitido expresar los temores de la infancia; qué situaciones obligan a manifestar vergüenza, etcétera.

Estas pautas, que han sido moldeadas por el devenir histórico de cada sociedad, y que en gran medida son inculcadas de manera inconsciente, también pueden afectar nuestra capacidad de percibir las expresiones emocionales, es decir, de tomar conciencia de que han sido producidas. Podemos no ver una emoción en los demás, o llegar a percibir una emoción diferente de la expresada. Por ejemplo, las reglas culturales de percepción de las emociones pueden condicionarnos para no registrar las expresiones de tristeza, y así inhibir el impulso de ayudar que esta emoción desencadena. También condicionan cómo hemos de interpretar el significado de las expresiones emocionales en cada situación social, y llevarnos a creer que alguien está alegre, cuando en realidad siente desprecio.

Las sociedades varían en su exigencia de autocontrol expresivo. Por ejemplo, las culturas mediterráneas (sur de Europa, Medio Oriente y Latinoamérica) son más permisivas con los exabruptos emocionales, y en algunos casos los promueven, favoreciendo la frecuencia de su manifestación. "Hiciste bien, le dijiste todo lo que pensabas", "Alguien tenía que pararle el carro", "Le cantaste las cuarenta"… son frases que solemos ofrecer en Argentina como refuerzo positivo para un comportamiento que implicó una fuerte descarga emocional, aun cuando las consecuencias hayan resultado negativas.

En cambio, la cultura norteamericana y las del norte de Europa (Inglaterra, Alemania, Escandinavia), tienden a tratar estos episodios como hechos censurables. *"I'm getting emotional"* ("Me estoy poniendo emotivo") es una frase que los hablantes de inglés se dicen a sí mismos para tomar conciencia de su estado y hacer un esfuerzo por inhibirlo. *"Pull yourself together"* ("Contrólate") es algo que se suele decir a alguien cuyo comportamiento está siendo dominado por sus emociones.

Es llamativo que en inglés "ponerse emotivo" signifique "ponerse demasiado emotivo", y que "controlarse" implique la idea de reunificar el sentido de ser uno mismo, que ha resultado escindido por la experiencia. Estas nociones, cristalizadas en el lenguaje, sugieren que los episodios de alto voltaje emocional son sentidos por los hablantes de inglés como estados de disociación psíquica que se deben evitar.

Además de ser el canal privilegiado de la expresión emocional espontánea, la CNV del rostro juega un papel fundamental en las conversaciones como ilustradora del discurso y reguladora de los turnos del diálogo. Por ejemplo, el alzamiento momentáneo de las cejas al final de una frase puede actuar como un signo de admiración que remarca la importancia de lo que se acaba de decir, o puede funcionar como un signo de pregunta, que informa que se ha terminado de hablar e invita al interlocutor a contestar.

La CNV también comprende los gestos y posturas de las manos y los brazos, los pies y las piernas, el tronco, la cabeza y el cuerpo en su conjunto.

A través de los gestos que corresponden a la categoría de emblemas, es decir, aquellos actos no verbales cuyo significado se encuentra claramente codificado para los miembros de una determinada cultura, comunicamos mensajes sin necesidad de usar palabras. Guiñar un ojo es un signo de complicidad que todos entienden, y sacar la lengua es un gesto burlón que en ciertos contextos puede ser realizado como insulto.

Pocos estilos de CNV emblemática pueden compararse con el de la península itálica, que ha nutrido al mundo con una gran cantidad de gestos ampliamente difundidos debido a su gran potencia simbólica. Uno de estos emblemas, cuyo uso sigue siendo popular en la actualidad, es el dedo medio extendido apuntando hacia arriba, que era utilizado como insulto hace más de dos mil años en la antigua Roma, y que en latín recibía el nombre de *digitus impudicus*, dado que el dedo exhibido era utilizado para higienizarse.

Para las culturas mediterráneas, los movimientos de las manos forman parte de una tradición de elocuencia. Tener las manos a la vista y realizar gestos, muchas veces ampulosos, es parte indispensable del diálogo.

Los gestos duran apenas un instante; por lo tanto, lo que los define es su fugacidad. Las posturas, en cambio, son comportamientos más estables que pueden durar minutos y hasta horas, como las formas de estar parado, sentarse o caminar. Estos comportamientos están modelados por la cultura y son influenciados tanto por la personalidad como por el tipo de comunicación que esté teniendo lugar.

Desde niños se nos enseña que debemos adoptar diferentes posturas de acuerdo con la situación. Una norma del sistema educativo que recuerdo de mi infancia y adolescencia era que debíamos ponernos de pie cuando ingresaba al aula cualquier figura de autoridad. Debíamos dejar lo que estábamos haciendo, hacer silencio, pararnos de frente y prestar atención.

Siguiendo al doctor Paul Ekman, podemos decir que la gestualidad transmite información específica sobre qué emoción está siendo experimentada, mientras que las posturas aportan datos sobre el estado afectivo genérico y comunican la intensidad de la emoción, es decir, cuán bien o mal se sienten las personas. A través de los gestos y las posturas se manifiesta toda la gama posible de estados emocionales y cognitivos, cuya combinación da lugar a los sentimientos, los estados de ánimo, y a fenómenos más estables como los rasgos de la personalidad.

La CNV también incluye un aspecto de la emisión verbal llamado paralenguaje. El comportamiento paralingüístico está compuesto por el tono de la voz, el volumen, el ritmo y la dicción. El significado de las emisiones vocales no depende solo de las palabras enunciadas, sino también de las emociones del emisor. Por ejemplo, el tono de la voz se vuelve más agudo cuando experimentamos excitación o temor, y se vuelve más bajo con el aburrimiento y la tristeza.

Las señales y los signos no verbales también transmiten mensajes que llevan implícitos juicios de valor. En un noticiero televisivo, una periodista comenta un episodio del que participaron las estrellas de un equipo de fútbol: "...A pesar de que los jugadores tenían que entrenar, se fueron de *juerrrga*". La señal paralingüística producida por la acentuación y el arrastre de la "r", que semeja un gruñido, expresa su desaprobación.

La descripción completa de los sistemas de comportamiento que componen la CNV incluye las formas de contacto físico y visual, así como el sentido comunicacional del uso del espacio y el tiempo.

El estudio del comportamiento de contacto incluye los permisos y tabúes culturales respecto de qué partes del cuerpo se pueden o no tocar, la intencionalidad que las diferentes formas de tocar transmiten, y las emociones que estos contactos suscitan. A esta categoría no solo corresponden los abrazos, las caricias, los golpes y otras acciones entre individuos diferentes, sino los comportamientos de autocontacto, en los que una persona se rasca, acaricia, golpea, o realiza cualquier otro tipo de acción sobre su propio cuerpo.

Los gestos de autocontacto pueden ser muy significativos; por ejemplo, sostener el mentón con la mano implica que la persona se encuentra evaluando una situación, y según cómo coloque los dedos sobre su cara, manifestará la tendencia positiva o negativa de sus juicios de valor. El dedo índice cruzado sobre los labios puede indicar que la persona no desea comunicar una opinión.

El comportamiento de contacto transmite una fuerte

carga afectiva. Por ejemplo, la cabeza y el rostro son partes del cuerpo que solo permitimos que nos toquen las personas con quienes tenemos una relación íntima, como nuestra pareja, familiares o amigos cercanos. Si tocamos a una persona que no conocemos bien en la cabeza o el rostro, o si el momento no es oportuno, es muy probable que recibamos una reacción de violento rechazo.

El comportamiento de contacto no solo se realiza a través de la acción directa de una parte del cuerpo sobre otra, sino que puede estar mediado por objetos. Una persona puede golpear a otra con el puño o lanzarle un plato. Alguien puede estimular sus labios con los dedos o con la patilla de los anteojos.

La manipulación de objetos como lapiceras, papeles, clips, vasos, ropa, aros, anillos, etc., es otro tipo de comportamiento de contacto. Frotamos, movemos, acariciamos, mordisqueamos o rompemos estos objetos como una proyección metafórica de nuestros estados emocionales y juicios de valor. Por ejemplo, jugar con el anillo introduciendo y sacando el dedo, o haciéndolo girar, es una respuesta inconsciente que suele aparecer cuando una situación resulta excitante.

La conducta ocular se refiere al tipo de mirada y a la forma de sostenerla. Nos informa sobre nuestros procesos emotivos, cognitivos e intencionales. La importancia que tienen los comportamientos oculares en las relaciones interpersonales hace de esta categoría uno de los sistemas más relevantes de la CNV. Sin embargo, hasta ahora ha sido poco estudiado.

La mirada indica interés cuando se concentra en una persona u objeto, y desinterés cuando vaga por el ambiente. Una mirada sostenida con poco parpadeo es señal de inusitada atención. Cuando los ojos giran hacia arriba sobre sus propias órbitas, y se deja ver el blanco por debajo del iris, se trata de un gesto de hartazgo que puede ser precursor de un enfrentamiento o pelea. El brillo de los ojos cambia con la tristeza, la ira, la alegría, la burla, la compasión, etc.

Respecto del uso comunicacional del espacio, debemos referirnos al antropólogo norteamericano Edward T. Hall, quien en su obra *El lenguaje silencioso* acuñó el término "proxémica" para referirse al estudio de los patrones culturales a través de los cuales construimos, percibimos y manejamos el espacio social y personal.

El doctor Hall observó que en la comunicación entre personas que pertenecen a culturas con patrones proxémicos antagónicos aparecen conflictos inconscientes por la defensa del espacio personal. Esto se debe a que sus respectivas culturas establecen diferentes distancias prototípicas de relacionamiento. En una "cultura de contacto", las personas mantienen distancias corporales más cercanas que en una "cultura de evitación del contacto".

En la Argentina es común que las personas desconocidas se saluden con un beso en la mejilla cuando son presentadas; en Brasil, con dos. En las culturas de origen anglosajón, el beso se reserva para las personas con quienes se tiene una relación íntima; con el resto se practica el apretón de manos o un simple movimiento de cabeza. En París se ha medido la frecuencia de contacto físico de las parejas en situaciones públicas, y en comparación con la de otras ciudades europeas resultó ser la más alta. Este permiso cultural para el contacto físico quizá sea el motivo inconsciente por el que se considera que París es un lugar especialmente romántico.

Otro fenómeno estudiado por la proxémica es la influencia de la arquitectura y el mobiliario en la comunicación. Los respaldos de los sillones de los jefes suelen ser más altos que los de las sillas que están del otro lado de sus escritorios, dado que esta diferencia simboliza la disparidad jerárquica y la posesión del territorio. Un escritorio ancho tiende a marcar las distancias; en cambio, una mesa redonda favorece la colaboración.

Edward T. Hall también es el fundador de la "cronémica", que es el estudio de las formas culturales de organizar el uso del tiempo. Hall considera que existen dos tipos básicos de comportamiento cronémico: el *monocrónico* y el *policrónico*.

El comportamiento monocrónico se caracteriza por el uso del tiempo en compartimentos horarios rígidamente segmentados, que son dedicados con exclusividad a un único tipo de actividad. El comportamiento policrónico, en cambio, se define por la utilización del tiempo en forma de un continuo indiferenciado, dedicado a actividades múltiples y simultáneas, que pueden ser de órdenes muy diversos. Como ejemplos de sociedades cuyas pautas culturales son monocrónicas pueden citarse las del norte europeo y la norteamericana, mientras que las sociedades mediterráneas y latinoamericanas tienen pautas policrónicas.

En las oficinas de Buenos Aires es habitual que las personas respondan llamadas telefónicas, lean mails o emitan órdenes al mismo tiempo que atienden a una visita. Este patrón policrónico es percibido por los miembros de culturas monocrónicas como algo desconcertante e irritante, mientras que los miembros de culturas policrónicas perciben a los monocrónicos como inflexibles y emocionalmente distantes.

Las características anatómicas, como la altura, el peso, el color de la piel o el cabello, también tienen su lugar en la CNV. Su influencia sobre la percepción y la interpretación está condicionada por estereotipos que varían según las culturas y las épocas. Por ejemplo, la cuestión del peso corporal registra diferentes preferencias. En las sociedades occidentales de la actualidad, la delgadez incrementa la percepción de potencial erótico, mientras que en la sociedad bereber del norte de África las mujeres se someten a una dieta rica en grasas como preparación para el matrimonio, con el objetivo de lucir de acuerdo con los ideales estéticos de su cultura.

Finalmente, la CNV está compuesta por la exhibición de

símbolos culturales y los estilos de arreglo personal. Entran en este tipo de conducta la exhibición de símbolos religiosos, el uso de prendedores corporativos o escudos deportivos, el tipo de indumentaria, los tatuajes, el peinado y el cuidado del afeitado o la barba, el maquillaje, el uso de aros o joyas, la marca del auto o el reloj, etc.

A través de la observación e interpretación del simbolismo cultural, y de los estilos de expresión individual, podemos conocer muchas características de la ideología y la personalidad de sus portadores. Resulta evidente que aquellos que exhiben sobre su cuerpo, o incorporan como parte habitual de su vestuario, los símbolos de una determinada religión, como los crucifijos, o de una ideología política, como las imágenes estampadas del Che Guevara, desean que estos aspectos de su identidad sean conocidos por los demás en forma irrestricta.

Hay signos que son sutiles. Las mujeres están más condicionadas que los hombres a invertir tiempo en producir una imagen estilizada de sí mismas a través del maquillaje y el peinado. En el caso de los hombres cuando el arreglo personal incluye una barba tipo "hilo" cuyo cuidado requiere pasar más tiempo frente al espejo que el promedio cultural para el género masculino, podemos estar frente a una persona con fuertes tendencias narcisistas.

El cuerpo siempre comunica

Durante aproximadamente el primer año y medio de vida de los niños, la comunicación entre padres e hijos tiene lugar exclusivamente a través de canales no verbales. Estamos atentos al llanto o a cualquier otra señal de incomodidad de los bebés, les hacemos caras graciosas, los mecemos para que se duerman, los acariciamos y besamos, les sonreímos, y ellos sonríen o balbucean para informarnos que todo está bien.

Con el lenguaje verbal se incorporan las pautas socioculturales y familiares que rigen lo que se puede o no expresar, y empezamos a controlar la espontaneidad de nuestra CNV. Al permitirnos operar sobre la realidad a través de conceptos y otras formas complejas de pensamiento simbólico, la comunicación verbal define nuestra identidad como seres humanos, y nos ha hecho olvidar que también hablamos con el cuerpo, como el resto de los animales.

La mayoría de las veces no nos damos cuenta de lo que comunicamos sin utilizar palabras. Sin embargo, los signos y señales no verbales continúan siendo omnipresentes en nuestras vidas. Los actos no verbales canalizan inconscientemente las emociones y los sentimientos, las valoraciones positivas o negativas, las certezas y las dudas, la sinceridad y el engaño.

La comunicación humana se realiza a través de una combinación de lenguaje verbal y no verbal, pero es el cuerpo el que emite la mayor parte del contenido afectivo de los mensajes. De manera más hábil o deficiente, decodificamos el lenguaje corporal de las personas con las que interactuamos para interpretar cómo se sienten y descubrir sus intenciones.

Las emociones y los sentimientos implican mensajes corporales que influyen en los encuentros interpersonales. De acuerdo con las investigaciones del doctor Albert Mehrabian, respecto del agrado o el disgusto que experimentamos hacia los demás, las expresiones faciales son responsables del 55 % de la comunicación, mientras que el 38 % corresponde al paralenguaje y solo el 7 % a los mensajes verbales[1].

La CNV está compuesta en gran parte por actos habitua-

---

1 Mehrabian, Albert (1970:74). Los autores de divulgación, que no conocen el texto original del que provienen los datos, cuyo título es *Tactics of Social Influence*, han extrapolado los porcentajes citados a todas las situaciones comunicativas, sin justificación alguna. Se trata de una falacia, dado que existen numerosas situaciones en las que la comunicación verbal es la más relevante. Lo que sí puede afirmarse es la primacía de los comportamientos no verbales en la comunicación de la afectividad, ya que sobre este punto existe un consenso académico generalizado.

les, como nuestra forma de sentarnos o caminar, de cruzarnos de brazos o de sonreír. Estos comportamientos, naturalizados por la costumbre, son realizados en forma automática y se manifiestan sin necesidad de prestar atención o tener conciencia de ellos. Dado que gran parte de la conducta no verbal no es deliberada ni consciente, y que presenta niveles muy dispares de codificación, podemos plantearnos la siguiente pregunta: ¿se trata simplemente de un conjunto desorganizado de comportamientos, o debemos considerarla como un tipo de comunicación estructurada, equiparable a la verbal?

Hasta mediados del siglo XX, la concepción tradicional en ciencias sociales trazaba una clara distinción entre comunicación y conducta. Para que hubiese comunicación debía existir una intención voluntaria de transmitir mensajes, a través de lenguajes cuyos códigos fueran explícitos y permitieran una clara composición e interpretación del significado. La conducta, en cambio, consistía en el amplio campo de comportamientos que no cumplían con esta condición.

Actualmente, el enfoque predominante es considerar los términos conducta y comunicación de manera equivalente. Esta nueva concepción se debe al trabajo de un grupo de estudiosos que compartieron una idea revolucionaria. Paul Watzlawick, Ray Birdwhistell, Edward T. Hall, Erving Goffman, Gregory Bateson y otros destacados pensadores, provenientes de una variedad de disciplinas, se dieron cuenta de que "es imposible no comunicar"[2]. Como actores sociales, somos partícipes de un sistema cultural en el que cualquier comportamiento, o su ausencia, emite información susceptible de ser interpretada.

En la vida cotidiana, la comunicación no es solo un fe-

---

2   "El comportamiento no tiene un opuesto; uno no puede no manifestar comportamiento alguno,... si se acepta que todo comportamiento en una situación interaccional tiene valor de mensaje, es decir, de comunicación, entonces no importa cuánto se lo intente, uno no puede no comunicar." Ver Winkin, Yves: *La nueva comunicación.* Kairós, Barcelona, 1981.

nómeno deliberado. No ocurre solamente cuando queremos que suceda, ni de la forma en que deseamos. La comunicación es, en una importante medida, ajena a nuestra voluntad. Las personas pueden o no tener la intención de comunicar, y los mensajes pueden estar más o menos codificados, pero todos los actos humanos son portadores de significado.

Gracias a las investigaciones de los autores mencionados, la idea de que la comunicación verbal es la principal responsable de la comunicación humana comenzó a ser trascendida.

El viejo paradigma se enfocó con exclusividad en el estudio del lenguaje verbal, y sostenía que la dimensión no verbal solo cumplía un papel secundario. Sin embargo, en muchas ocasiones los actos no verbales tienen preeminencia en la transmisión del significado. En lugar de considerar los actos no verbales como un mero marco para el intercambio verbal, se ha descubierto la interdependencia del lenguaje hablado y la CNV, y se ha llegado a la conclusión de que los comportamientos verbales se despliegan sobre una base no verbal inconsciente.

El comportamiento verbal puede negar que ciertas emociones hayan sido suscitadas, pero inevitablemente las emociones se manifestarán a través de las expresiones faciales. Ray Birdwhistell, eminente antropólogo considerado como el fundador del estudio del significado microexpresivo del movimiento humano, al que llamó kinésica, contempla la gestualidad como un sistema de comunicación cuya lógica es equivalente a la del lenguaje hablado.

Para Birdwhistell, la compleja estructura de los movimientos corporales puede ser analizada en virtud de sus patrones repetitivos, que implican la presencia de un código. Esto significa que todos los comportamientos no verbales poseen un significado, a veces difícil de desentrañar, pero aun así existente.

La CNV está basada en un sistema de señales biológicas

y de signos culturales, organizado de tal manera que la combinación de sus unidades produce nuevos significados. Por lo tanto, los comportamientos no verbales pueden ser considerados como las palabras de un lenguaje.

Pero la comunicación es más que el significado de los signos y sus combinaciones, dado que el contexto en el que se produce es igualmente importante. En toda interacción humana intervienen variables como el tipo de relación previa, los objetivos explícitos e implícitos de la comunicación, el espacio en el que se lleva a cabo, las circunstancias personales, el género y la edad de los participantes, etc. Desde mi punto de vista, el factor que más influencia contextual ejerce sobre la comunicación es el estatus de los participantes.

La interacción social implica la circulación de mensajes, conscientes e inconscientes, referidos al poder relativo que cada individuo tiene en la sociedad. Los seres humanos compartimos con otras especies sistemas heredados de señales no verbales basados en comportamientos instintivos ligados al establecimiento de la dominancia, y por lo tanto, a cómo comportarnos en presencia de aquellos que tienen mayor, igual o menor poder.

En la naturaleza, la adopción de posturas que reducen el tamaño corporal tiene el sentido de apaciguar a un miembro más dominante de la propia especie, quien a su vez despliega posturas expansivas. Sobre esta base, la CNV humana expresa el resultado de la evolución cultural: bajar la cabeza, hundir el pecho y encoger los hombros constituyen gestos de reverencia ante figuras de autoridad, y representan el reconocimiento y la ratificación cotidiana del poder político, religioso, económico o familiar.

Debido a la preeminencia de sus aspectos inconscientes, la comparación de estatus es diferente del tratamiento protocolar, que ofrece reglas totalmente explícitas. En el acto de dar la mano puede observarse que la CNV adquiere un papel prioritario en la comparación inconsciente del estatus, por sobre el sentido cultural del saludo como ritual protocolar de respeto mutuo. Por ejemplo, ofrecer la mano con la palma hacia abajo y el brazo estirado es un intento de regulación emocional dominante, que representa una actitud agresiva ante alguien a quien se tiene por inferior y se menosprecia; o defensiva, ante alguien a quien se considera superior y se teme. La diferencia entre ambos es señalada por matices de la expresión facial y la postura corporal.

Los contextos de la comunicación humana también incluyen el cortejo. Desde la perspectiva de la CNV, el cortejo consiste en la expresión, percepción e interpretación de los indicadores corporales de seducción y disponibilidad. Muchos de estos actos forman parte de nuestra cotidianidad y tienen lugar de manera inconsciente. Como en la naturaleza, el cortejo humano implica comportamientos no verbales indicativos de atracción o rechazo. Para citar un ejemplo, tomemos la situación en la que dos jóvenes caminan por la calle, viniendo cada uno hacia el otro. Ambos se evalúan rápidamente realizando la misma acción visual de "escaneo", o sea, de observar al otro de pies a cabeza muy rápidamente. Luego, aparecen gestos que tienen que ver con las opciones de "mostrarse" o "esconderse". Al cruzarse, si la mujer se siente receptiva, sonreirá mostrando aceptación, y mirará inmediatamente hacia abajo en un acto de modestia. Pero también puede mirar hacia el costado, como signo de evitación.

Desde la infancia, las personas más atractivas reciben un patrón de miradas diferente de aquellas que resultan menos bellas para cada sociedad. Las personas con mayor potencial erótico serán miradas con mayor atención, con más frecuencia y por períodos más prolongados. Por medio de este mecanismo, las personas aprenden cuál es el lugar que les corresponde en la escala socialmente establecida de atributos estéticos.

Las pautas culturales que regulan el cortejo varían mucho entre las diferentes sociedades del globo. Las culturas occidentales promueven la emisión de "atractores eróticos", tales como la exhibición selectiva de la desnudez, el uso de cosméticos y las poses provocativas; mientras que otras sociedades intentan suprimir tales atractores, como ejemplifica el uso de la *burka*, túnica que llevan las mujeres en algunas regiones del mundo musulmán, que las cubre de la cabeza a los pies y no permite siquiera contemplar su rostro.

La CNV también expresa los valores implicados en los rituales públicos de la política y la religión. El protocolo de las relaciones públicas entre representantes de instituciones políticas y económicas se expresa a través de una gran variedad de comportamientos no verbales. En 2009, se produjo un interesantísimo incidente no verbal cuando Michelle Obama, la primera dama estadounidense, pasó su brazo por la espalda y apoyó su mano sobre el hombro de la reina de Inglaterra, infringiendo así el protocolo que prohíbe tocar a un monarca.

Resulta evidente que los actos no verbales también son importantes en las prácticas religiosas. En los rituales devocionales existen muchos comportamientos no verbales que son fundamentales para la transmisión de ideas acerca de la divinidad. Muchos de los movimientos y gestos que hacen los sacerdotes en el altar tienen la capacidad de evocar fuertes emociones y reafirmar las creencias.

Los rituales religiosos requieren conocer y respetar el uso de gestos simbólicos que tienen significados establecidos, que se expresan a través de un código muy elaborado y estricto. En los ámbitos religiosos, la importancia que los seres humanos le damos a los gestos es muy elocuente: la realización de un acto no verbal considerado impío puede acarrear graves consecuencias para el transgresor.

CAPÍTULO 2
La CNV de las emociones

El estudio científico de la expresión emocional

Con su obra *La expresión de las emociones en el hombre y los animales*, de 1872, Charles Darwin inauguró el estudio científico de la CNV. El naturalista inglés reunió datos sobre la CNV de diferentes especies animales, sociedades de todo el globo, personas adultas y bebés. Sus elaboraciones teóricas fueron extraordinariamente acertadas, y su conclusión de que la expresión de ciertas emociones es producto de la evolución biológica ha sido corroborada por las investigaciones contemporáneas.

Los estudios más recientes han confirmado que, si bien existen diferencias, las similitudes entre la expresión facial y postural de los estados emocionales de humanos y monos muestran un desarrollo evolutivo común. La evidencia de que nuestro comportamiento emocional posee una base hereditaria también se encuentra en los estudios que comparan las expresiones faciales de niños ciegos de nacimiento con las de niños videntes. Salvo por pequeñas diferencias secundarias, la expresión facial de las emociones en ambos grupos es idéntica. Las expresiones faciales de los niños ciegos no pueden ser aprendidas por imitación dada la imposibilidad de recibir los estímulos visuales necesarios. Por lo tanto, su origen debe ser genético[3].

La principal corriente de investigación contemporánea sobre las emociones, desde la perspectiva de la CNV, es la escuela generada a partir de los trabajos del doctor Paul Ekman. A principios de la década de 1960, Ekman descubrió que los observadores de culturas diferentes reconocían y nombraban las mismas emociones cuando se les mostraba un juego de fotografías faciales con diversas expresiones.

Para evitar el condicionamiento impuesto por los medios masivos de comunicación, Ekman también estudió la CNV de pueblos que viven en regiones aisladas de la isla de Borneo (Nueva Guinea). Encontró que tanto los miembros de sociedades cazadoras-recolectoras como los de sociedades industriales responden en forma muy similar a las fotografías de rostros que manifiestan sorpresa, alegría, tristeza, temor, ira y asco. Recientemente se ha encontrado que lo mismo también es válido para la emoción de desprecio.

La evidencia acumulada permite afirmar que existen expresiones emocionales universales de origen genético. Sin embargo, los estudios también muestran que lo innato comienza a ser afectado por los condicionamientos culturales después del nacimiento. A medida que los niños crecen, internalizan las pautas culturales para la regulación expresiva de sus emociones. Estas pautas determinan qué contextos sociales son apropiados o inapropiados para la manifestación de cada emoción particular, y regulan la intensidad de

---

3 Knapp, Mark: *La comunicación no-verbal: el cuerpo y el entorno.* Paidós, México, 1980/1997, págs. 51-56.

la expresión emocional, es decir, en qué grado una determinada emoción puede ser sentida y demostrada de manera que resulte socialmente aceptable.

Las diferentes culturas favorecen que se preste más atención a la expresión facial de algunas emociones, o pueden influir inconscientemente para que sus miembros aprendan a no detectar su presencia. De esta manera, las reglas de exhibición estimulan o inhiben la capacidad natural de percibir las expresiones emocionales. En las *culturas individualistas,* como la norteamericana o la argentina, en las que los intereses particulares predominan sobre los grupales, los sujetos pueden presentar una mayor tendencia a hacer caso omiso de las expresiones de tristeza, y a emitir abiertamente y con mayor frecuencia expresiones de rechazo, para verse menos involucrados con las necesidades de los demás; mientras que en las *culturas colectivistas,* como la china, en las que el grupo tiene primacía sobre el individuo, se intentará evitar la expresión de las emociones disruptivas de la armonía social, como el disgusto, la ira y el desprecio, por lo que se las enmascarará con una sonrisa, o se hará de cuenta que no han existido.

En los rituales funerarios de las sociedades occidentales, las expresiones de dolor y angustia son lo esperado, mientras que en Bali, los practicantes de la rama local de la religión hinduista participan en procesiones en las que lo prescripto es expresar alegría a través del canto y la danza. Estas diferencias están asociadas a los sistemas de creencias de cada cultura. En la cosmovisión de las sociedades occidentales, incluso para quienes comparten las ideas religiosas de un destino *post mortem* de bienaventuranza, el énfasis está puesto en la ausencia irremediable de los seres queridos en la vida cotidiana de los deudos. En Bali, en cambio, predominan las ideas asociadas con la reencarnación, que aseguran a los parientes de los fallecidos el retorno de sus seres queridos con cada nuevo nacimiento que se produce en la familia.

Sin embargo, estas pautas formales para la exhibición de las emociones coexisten con las informales. Siguiendo con el ejemplo anterior, en Bali las personas se cuidan de lamentarse en público, pues este comportamiento sería contradictorio con los ideales explícitos de su religión, pero en privado también lloran la ausencia de los fallecidos. En las sociedades occidentales, las personas expresan públicamente su dolor, pero también cuentan chistes y ríen en determinados momentos de los velatorios, como una forma de aliviar la tensión, y quizá como símbolo de que la vida debe continuar a pesar de todo.

La regulación social de la expresión facial de las emociones no solo varía de una cultura a otra, sino que también lo hace dentro de cada cultura, según el género, la edad, el estatus de las personas, y la época histórica. En las sociedades occidentales, a las mujeres y a los niños se les permite ser emocionalmente más expresivos en comparación con la inhibición que les corresponde a los hombres adultos; pero en la Antigua Grecia los niños espartanos eran educados para reprimir sus emociones y soportar el dolor de manera tan estoica como los mayores.

Prestar atención a los rostros es un comportamiento muy importante en la vida social de los seres humanos, así como en la vida colectiva del resto de los primates. Los estudios muestran que los monos tienen la capacidad de anticipar los comportamientos de otros monos, y de las personas que interactúan con ellos, a partir de la decodificación del significado emocional de sus expresiones faciales.

Las especulaciones teóricas más avanzadas sostienen que las características físicas de piel expuesta y pelo retenido en el rostro humano han evolucionado por su valor para la eficacia comunicacional de los señalamientos faciales[4]. Esta idea encuentra apoyo en el hecho de que el movimiento de las cejas, por sí solo, representa un código de comunicación de mensajes emocionales y cognitivos muy especializado[5].

Las emociones básicas

Las emociones básicas son aquellas cuyo desencadenamiento se produce mediante un proceso automático de base genética. Estas emociones son iniciadas por la percepción de un estímulo que activa un *programa afectivo*, sin necesidad de evaluación cognitiva. Este desencadenamiento pone en marcha un conjunto coordinado de cambios fisiológicos, sensaciones subjetivas y expresiones faciales prototípicas. Las emociones básicas son: sorpresa, alegría, tristeza, temor, ira, asco y desprecio. Estas emociones han resultado universalmente identificadas por medio de las expresiones faciales, cuyos ejemplos pueden verse en el apéndice fotográfico de este capítulo.

Ciertos términos han sido escogidos sobre otros para nombrar a las emociones. Esto se debe a su representatividad estadística en la elección que hacen los participantes de los experimentos. Los estudios han confirmado que las palabras que designan estas emociones se corresponden con las siete expresiones faciales universales que el doctor Ekman ha reportado, permiten la traducción y el acuerdo acerca de sus significados en diferentes idiomas, y se agrupan en un

---

4 Schmidt, Karen y Cohn, Jeffrey: "Human Facial Expressions as Adaptations: Evolutionary Questions in Facial Expression Research", *Yearbook of Physical Anthropology*, N° 44, 2001, pág. 20.
5 Ekman, Paul: "Universals and Cultural Differences in Facial Expressions of Emotion", en: *Nebraska Simposium of Motivation*, Vol. 19, 1972; University of Nebraska Press, Lincoln. "Facial Expression and Emotion", en: *American Psychologist*, Vol. 48, N° 4, abril, 1993; y *Emotions Revealed: Recognizing Faces and Feelings to Improve Communication and Emotional Life.* Owl Books, Nueva York, 2003.

pequeño conjunto de *supercategorías*[6].

Los nombres de las emociones no representan emociones únicas, sino *familias de emociones*; es decir, estados emocionales que comparten las mismas características, aunque con diferentes matices e intensidades. Por ejemplo, la familia de la ira está compuesta por la molestia, la irritación, el enfado, la furia, la rabia y la cólera, entre otros estados.

El doctor Ekman explica que detrás de cada experiencia emocional existe un tema fundamental basado en su sentido adaptativo, pues las emociones básicas representan una respuesta a los condicionamientos del ambiente[7].

Las típicas sensaciones de sobresalto de la emoción de sorpresa tienen como tema la súbita ocurrencia de un evento inesperado. Mi hipótesis es la siguiente: el sentido evolutivo de la sorpresa es promover la curiosidad ligada al instinto exploratorio que caracteriza a la especie humana.

Las sensaciones expansivas de placer y bienestar de la alegría tienen como tema el disfrute de la vida. A mi manera de ver, el sentido evolutivo de la alegría es estimular la búsqueda de ocasiones de gozo, debido a los beneficios que esta emoción tiene para el bienestar individual, y a su rol en los eventos que favorecen la integración interpersonal y social.

Siguiendo a Ekman, el beneficio adaptativo de la tristeza es que las sensaciones opresivas que la caracterizan brindan estímulo para el cuidado de los infantes. Su tema es, entonces, la pérdida o posibilidad de pérdida de la progenie, y por extensión, de otros seres queridos. La tristeza también emergerá en otras situaciones que evoquen el sentido de pérdida, tales como el fin de una relación sentimental, la merma de bienes materiales, el menoscabo de la reputación, etc.

---

6 Shaver, citado en Matsumoto, David y Ekman, Paul: "The Relationship Among Expressions, Labels, and Descriptions of Contempt", en: *Journal of Personality and Social Psychology*, Vol. 87, N° 4, 2004, pág. 529.
7 Ekman, Paul: *Emotions Revealed...*, op. cit.

Las sensaciones perturbadoras y violentas provocadas por la ira corresponden a la presencia de un obstáculo que impide alcanzar lo que se quiere. Puede tratarse de la oposición de otros, una torpeza propia o un escollo natural. De acuerdo con el doctor Ekman, su sentido adaptativo es generar un arrebato de energía para enfrentar la dificultad y superarla.

Las desagradables y dolorosas sensaciones de agitación que constituyen la marca del temor se relacionan con el riesgo físico. Ekman señala como tema del miedo el merodeo de un animal salvaje, la pérdida del equilibrio que puede llevar a una caída, o la percepción de un objeto que se acerca rápidamente hacia nosotros. Su sentido adaptativo es producir un estímulo fisiológico que facilite la huida o la búsqueda inmediata de protección.

En el asco, las sensaciones de repugnancia responden a la presencia de un estímulo desagradable a los sentidos. Su fin adaptativo es provocar una reacción de rápido alejamiento, dado que esta repugnancia está biológicamente asociada con los olores y sabores de los alimentos en mal estado y de las sustancias venenosas.

El rechazo o desestimación hacia otra persona o cosa por considerarla inferior, indigna o carente de valor constituye el tema del desprecio. Mi especulación es que su función adaptativa es la desactivación del instinto exploratorio, cuando una búsqueda particular ha dado muestras de ser infructuosa, de modo tal que las energías puedan volcarse rápidamente en una dirección diferente y más promisoria. Creo que el desprecio también pudo haber evolucionado como válvula de seguridad de la agresión directa en la lucha por la dominancia. Su sentido adaptativo sería provocar la desactivación de un ataque, con el fin de preservar la vida del vencido.

La emoción de desprecio es la que menos se conoce, pues ha sido la última en ser investigada. El estado del conocimiento afirma que el desprecio es una emoción básica diferente del resto. Por ejemplo, no existe el mismo grado de acuerdo respecto del significado de esta palabra que el que se registra para las que designan al resto de las emociones básicas. Esto significa que nuestra capacidad para comprender esta emoción es menor[8].

Las expresiones faciales universales de las siete emociones básicas se conocen en gran detalle gracias a un sistema de codificación anatómica llamado "FACS" *(Facial Action Coding System)*, desarrollado por el doctor Ekman y sus colegas del Laboratorio de Cultura y Emoción de la Universidad de California. Por medio de esta metodología, basada en la electromiografía del rostro, se ha conseguido mapear hasta el más mínimo movimiento muscular causado por las emociones.

Las expresiones faciales de las emociones básicas pueden definirse como las configuraciones de rasgos característicos de cada emoción particular, producidas por los movimientos involuntarios de los músculos del rostro. Cada fenotipo expresivo está compuesto por un conglomerado de variantes debidas a la intensidad de la emoción y a las características anatómicas del rostro de cada individuo.

El comportamiento facial varía de acuerdo con factores como el género, la edad y el origen cultural y étnico. Compensando esta variabilidad, la universalidad de las expresiones faciales de las emociones básicas se sustenta en el hecho de que pueden ser reconocidas en sus manifestaciones microexpresivas, de apenas un cuarto de segundo de duración, y en sus formas abreviadas, que manifiestan solo algunas de las acciones faciales de la expresión fenotípica completa[9].

---

8 Matsumoto, David y Ekman, Paul: "The Relationship Among Expressions..." op. cit., (2004, pág. 533) señalan que el término *contempt* (desprecio) presenta dificultades de comprensión para los hablantes de lengua inglesa. En mis investigaciones he observado la misma situación para los hispanoparlantes.
9 La constelación compuesta por las variaciones del modelo prototípico de expresión facial para cada emoción recibe el nombre científico de *conjunto fenotípico de expresión facial* (Schmidt, Karen y Cohn, Jeffrey: "Human Facial Expressions...", op. cit., 2001, pág. 4).

Las expresiones faciales de las emociones básicas proveen información a los miembros de la propia especie, y en menor medida a otras especies. Siguiendo al doctor Ekman, estas brindan información acerca de lo que está ocurriendo dentro de la persona (planes, recuerdos, cambios fisiológicos); sobre lo ocurrido antes de que se manifestara la emoción (antecedentes), y también acerca de aquello que tiene más probabilidades de ocurrir inmediatamente después (consecuencias inmediatas, intentos regulatorios, formas de asumir la situación)[10].

Por ejemplo, cuando vemos a una persona con una expresión facial de asco, sabemos que está respondiendo a algo que le resulta ofensivo a sus sentidos, literal o metafóricamente, y que su reacción más probable será alejarse de la fuente de estimulación. Cuando vemos a alguien con una expresión de ira, sabemos que siente que ha aparecido un obstáculo que le impide satisfacer una necesidad, o avanzar hacia una meta. También sabemos que si la intensidad de su ira sigue aumentando, deberá producirse una descarga violenta contra el agente causante del estímulo, y en caso de no poder hacerlo, la frustración lo llevará a realizar una descarga contra sí mismo o contra algo o alguien más.

Las investigaciones de laboratorio han confirmado que la experiencia de las emociones básicas conlleva patrones específicos de actividad del sistema nervioso autónomo para el ritmo cardíaco, la irrigación sanguínea, el ritmo respiratorio, la secreción hormonal, y otras variables fisiológicas. Estos patrones preparan al organismo para las diferentes respuestas que las emociones requieren. Por ejemplo, en la ira, la sangre fluye con rapidez hacia los brazos y manos como preparación para la lucha. En el temor, la sangre fluye rápi-

---

10 Ekman, Paul: "Should we Call it Expression or Communication?", *Innovations in Social Science Research*, Vol. 10, N° 4, 1997, págs. 333-334.

damente a los músculos de las piernas y otros que permiten correr a la mayor velocidad posible[11].

La función primordial de las emociones básicas es movilizar el organismo para tratar rápida y eficientemente con las situaciones que evolutivamente han sido importantes para nuestra supervivencia, pero también es habitual sentir ira, temor, tristeza, asco, desprecio, alegría o sorpresa debido a nuestros sistemas culturales de creencias y a nuestras especulaciones acerca de las intenciones ajenas[12].

Las emociones conscientes

Las principales emociones conscientes son *culpa, vergüenza y orgullo*. El estudio de este grupo de emociones, desde la perspectiva de la CNV, está representado por el trabajo de la doctora Jessica Tracy y el doctor Richard Robins, de la Universidad de California en Davis[13].

A diferencia de las emociones básicas, que tienen la capacidad de ocurrir en ausencia de mediación cognitiva, el desencadenamiento de las emociones conscientes requiere necesariamente de esta mediación. En los procesos cognitivos que caracterizan a las emociones conscientes, el sujeto debe generar una autoevaluación, es decir, la comparación del concepto que tiene de sí mismo con el resultado de un evento.

Experimentamos vergüenza o culpa cuando percibimos que no hemos estado a la altura de nuestras autorrepresentaciones positivas, o cuando el resultado de una acción confirma una autorrepresentación negativa de nuestra identidad. En ambos casos, la vergüenza y la culpa disminuyen nuestra autoestima.

---

11 Ekman, Paul: *Emotions Revealed...* op. cit., pág. 63.
12 Ekman, Paul: id., pág. 21.
13 Tracy Jessica y Robins, Richard: "Putting the self into selfconscious emotions: a theoretical model", *Psychological Inquiry*, Vol. 15, N° 2.

La vergüenza y la culpa están relacionadas con la participación en eventos contrarios a las leyes, la moral, el protocolo, o simplemente con los deseos o situaciones considerados indebidos conforme al poder y la influencia de la mirada ajena, incluyendo la internalización de esa mirada en nuestro propio psiquismo.

La causa de la vergüenza puede ser un pensamiento o acto inapropiado, e incluso un accidente o la influencia de un agente externo que involucra al sujeto. Alguien puede sentir vergüenza por haber tenido un pensamiento considerado obsceno, por haberse manchado la ropa, por haber sido acusado injustamente, o porque un familiar o amigo ha dicho o hecho algo que reprobamos. Generalmente, las sensaciones de culpa refieren a haber sido el agente directo de un daño, cuya víctima es otra persona o el propio sujeto. La culpa es la conciencia de la responsabilidad en un evento de resultado negativo, para los demás o para uno mismo.

La distinción entre vergüenza y culpa es compleja y sutil, y en numerosas situaciones resulta difícil separarlas. Es habitual que se generen y potencien mutuamente. Si alguien siente culpa, es raro que no sienta también vergüenza frente a los demás por el evento que la ha suscitado; y cuando alguien siente vergüenza, puede que también asuma la culpa por el hecho que la generó, incluso cuando no haya tenido intenciones de provocarlo[14].

El sentido adaptativo de la vergüenza es prevenir la ocurrencia de transgresiones a las normas de convivencia de un grupo. Cumple la función de disminuir su número y favorecer así la paz social. El sentido adaptativo de la culpa es generar el impulso de realizar las acciones necesarias para re-

---

14 En el caso del fundamentalismo ideológico o religioso, la vergüenza y la culpa se presentan en absoluta conjunción, pues no se distingue la diferencia entre transgresiones intencionales y accidentales.

parar los resultados negativos del evento que dio origen a esa emoción. Su función es restaurar la armonía en los vínculos interpersonales.

Basado en esta premisa, sugiero que la vergüenza y la culpa evolucionaron con el fin de limitar las tendencias egoístas de los individuos. Pensemos en un grupo humano prehistórico en el que cada quien depende íntimamente del resto para su supervivencia. En este contexto, la emoción de vergüenza actuaba como un freno ante el impulso egoísta de negarse a compartir el alimento, y si ese comportamiento se materializaba, la emoción de culpa llevaba al individuo transgresor a mostrar mayor generosidad que la habitual en la siguiente oportunidad.

La etnografía de las sociedades cazadoras-recolectoras ofrece abundante evidencia de pautas culturales ancestrales que establecen que el alimento debe repartirse de modo que nadie quede excluido de su consumo; y también, de que la sanción al transgresor puede incluir desde el retiro del respeto social hasta la expulsión de la aldea.

Las emociones de vergüenza y culpa evolucionaron para favorecer la supervivencia de la especie: la vergüenza, como emoción preventiva de la transgresión a las normas sociales que establecían la obligatoriedad de la protección y el cuidado mutuo; y la culpa, como emoción promotora de la acción reparadora ante la transgresión de estas normas. Siguiendo a Ekman, la transgresión a una norma de convivencia importante suele desencadenar la ira de los observadores; por lo tanto, las expresiones corporales de vergüenza y culpa habrían evolucionado con propósitos de apaciguamiento, con el fin de mostrarle a los demás en forma inmediata que se era consciente de la transgresión y así reducir la posibilidad de una pelea, o la severidad del castigo.

Durante toda nuestra existencia como cazadores y recolectores de alimentos esto ha sido así, pero la evolución cultural de los últimos diez mil años ha favorecido el debilitamiento e incluso la pérdida de las pautas de reciprocidad. En mi opinión, este fenómeno ha provocado una transformación patológica de las emociones de vergüenza y culpa.

A partir de que empezamos a criar animales, cultivar la tierra y vivir en centros urbanos, la explosión demográfica provocó que el alimento y otros bienes comenzaran a ser distribuidos de acuerdo con un orden de privilegios cada vez más marcados. Si había escasez, algunos sectores de la sociedad ya no recibían lo suficiente. En este contexto, la vergüenza y la culpa no podían seguir actuando como habían sido programadas por la evolución, o sea, como freno a la exclusión. No era ya posible que la vergüenza actuara en forma preventiva, ni que la culpa generase acciones reparadoras.

Para evitar las sensaciones dolorosas de las emociones de vergüenza y culpa se volvió necesaria la desactivación de su sentido original, lo que solo pudo tener lugar a través de un proceso cultural y psicológico de desplazamiento. Este proceso incluyó la creación de nuevos fines sociales para las emociones de culpa y vergüenza, tales como el cumplimiento obsesivo de los ceremoniales cada vez más complejos de la religión y la política, y el incremento del control social y de la autorrepresión y negación de los impulsos sexuales biológicamente normales.

En la mayoría de las personas, la culpa por no hacer nada para evitar el dolor de los excluidos produjo al menos un estado crónico de apatía, es decir, de indiferencia afectiva. Creo que es posible que este trauma cultural favoreciera la naturalización de perversiones como el sadismo, en tanto que fue necesario bloquear y negar la culpa por el sufrimiento ajeno. El masoquismo es otro tipo de respuesta desplazada, cuyo origen podría encontrarse en la compensación psicológica que implica el autocastigo por no reparar la culpa original. A su vez, la perversión patológica de la vergüenza, bajo la forma de rigidez obsesiva en la observancia literal de las convenciones, puede ser una de las causas del incremento de la predisposición cultural a la intolerancia.

En resumen, durante la mayor parte de nuestra evolución como especie, las emociones de vergüenza y culpa han favorecido el desarrollo de respuestas adaptativas que incrementaron nuestro potencial de supervivencia. Estas emociones promovieron la integración, la armonía y el bienestar de las poblaciones humanas. Pero el trauma cultural implicado por el pasaje de una forma de vida cazadora-recolectora, en pequeños grupos nómadas de bajo crecimiento demográfico y altísima reciprocidad interna, a una forma de vida agrícola-ganadera, sedentaria, urbana, demográficamente explosiva y jerárquicamente estratificada, produjo la alteración patológica de estas emociones, lo que a su vez llevó al establecimiento de nuevos patrones de conducta desintegradores y autodestructivos. Las funciones adaptativas de la vergüenza y la culpa fueron desplazadas culturalmente hacia fines egoístas que resultan disfuncionales para el bienestar colectivo.

El orgullo, la tercera emoción que compone la trilogía fundamental de emociones conscientes, constituye el extremo opuesto de la culpa y la vergüenza. Se desencadena cuando nos atribuimos el mérito por el éxito de una acción, de acuerdo con lo que consideremos valioso. En otras palabras, el orgullo emerge cuando somos conscientes de haber estado a la altura de una autorrepresentación positiva, o cuando una acción nos ayuda a reducir una imagen negativa de nosotros mismos. Al confirmar el lado positivo de nuestra personalidad, el orgullo incrementa nuestro sentido de autoestima.

Siguiendo al doctor Ekman, un caso especial es la experiencia de orgullo *vicario*. Por ejemplo, una persona puede sentirse orgullosa mientras mira a otra ganar una competencia atlética. El individuo que experimenta orgullo vicario puede asumir el mérito del atleta como propio debido a que representa a su país, lo que genera *orgullo nacional.* Un tipo de orgullo vicario especial, para el cual considera que no existe traducción al inglés, en idioma idish se denomina *najes.* Esta emoción refiere a las sensaciones de satisfacción que experimentamos por los éxitos de aquellos con quienes tenemos un vínculo íntimo, como hijos, hermanos, padres o amigos.

El sentido adaptativo del orgullo tiene una faceta que consiste en su utilidad para el establecimiento y el mantenimiento de la dominancia: es decir, del orden jerárquico y los roles de estatus. Pero también tiene un aspecto más espiritual, dado que las sensaciones placenteras de orgullo por el éxito de nuestras acciones altruistas promueven este tipo de comportamiento.

Así como las emociones evolucionaron para facilitar la supervivencia, el desarrollo de la cultura humana hace que estas también cumplan funciones relativas al logro de metas sociales. Las emociones conscientes de vergüenza, culpa y orgullo están especializadas para la regulación de aspectos complejos de las relaciones interpersonales, tales como llevarse bien con los demás y avanzar en la sociedad. Estas emociones pueden considerarse promotoras de comportamientos que incrementan la solidaridad y la armonía, pero también presentan variantes patológicas, como el orgullo por los actos egoístas que perjudican a los demás.

El estado del conocimiento sostiene que las emociones conscientes podrían no tener expresiones faciales específicas. Sin embargo, mis investigaciones cuestionan esta presunción. Del relevamiento y el análisis de las interpretaciones de los sujetos participantes en mis experimentos surge que el matiz narcisista del orgullo aparece asociado con algunos tipos de sonrisas unilaterales.

APÉNDICE FOTOGRÁFICO
DEL CAPÍTULO 2

SORPRESA

F1. La expresión facial de la sorpresa, cuando es genuina, incluye la elevación de las cejas en forma arqueada y la relajación súbita de la mandíbula inferior. En su obra *El mono desnudo*, el zoólogo Desmond Morris señala que somos la especie más exploradora del planeta, y nos diferenciamos del resto de los primates en que, si bien nuestra curiosidad es comparable en la infancia, solo los humanos mantenemos un profundo sentido de asombro por lo desconocido en la edad adulta.

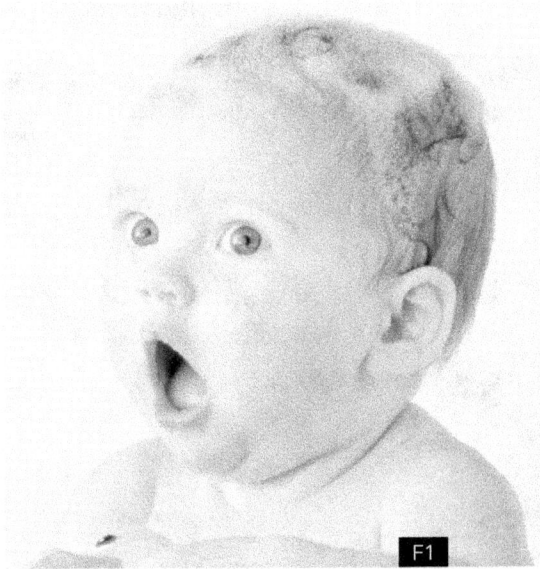

TEMOR

F2. José Serra, candidato a la presidencia de Brasil en 2010, pierde repentinamente el equilibrio durante un acto proselitista en el que se encontraba recorriendo las calles sobre una plataforma móvil. Este evento desencadenó las intensas sensaciones de temor que vemos relejadas en su rostro. Sus cejas se elevan en forma tensa, lo que produce que adquieran una forma recta, y puede verse con toda claridad el blanco de los

ojos que queda al descubierto por encima del iris, debido a la elevación de los párpados superiores. Las comisuras de la boca se estiran simultáneamente hacia abajo y los costados.

F3. En esta fotografía, vemos a Joseph Blatter, presidente de la FIFA, reaccionando con temor ante una pregunta durante una conferencia de prensa. Aunque no manifiesta la expresión completa del ejemplo anterior, la elevación de las cejas en forma recta y la apertura ocular provocada por la elevación del párpado superior son suficientes para reconocer esta emoción específica. Además, realiza un acto manipulador del rostro: se toca o rasca la mejilla con la punta de los dedos, cuyo significado es el auto-apaciguamiento. La estimulación de las terminaciones nerviosas de la cara a través del tacto tiene efectos reguladores sobre el ritmo cardíaco y respiratorio, que se alteran cuando se experimenta un incremento súbito del nivel de estrés.

ASCO | DISGUSTO

F4. El rostro de Diego Maradona muestra los pliegues en el puente de la nariz que constituyen el componente más característico de la expresión de asco/disgusto. Además, su gesto incluye una configuración de la boca que señala hostilidad, dado que la forma en que eleva el labio superior y se tuerce la boca llama la atención sobre sus dientes caninos. Este acto equivale a un gruñido de amenaza. Al mismo tiempo, realiza con sus dedos un gesto emblemático de pequeñez. Conforme a su estilo, podemos suponer que estaba haciendo referencia a la inteligencia de algún personaje con el que se encontraba enemistado.

F5. El mismo astro del fútbol realiza un movimiento de alejamiento coherente con el asco, dado que esta emoción nos impulsa a tomar distancia de la fuente de estimulación. El encogimiento de hombros, y la postura de los brazos y las manos, constituyen un movimiento defensivo, ya que reducen el área corporal expuesta y, en este caso, protegen contra una salpicadura simbólica del estímulo repugnante. Como forma parte del emblema de desentendimiento, el movimiento del labio inferior hacia arriba y hacia afuera implica alejamiento psicológico, en el sentido de que expresa la negación de su vínculo con el estímulo.

F5

DESPRECIO

F6. Las expresiones de desprecio están caracterizadas por la presión que se ejerce sobre la comisura de la boca cuando se experimenta esta emoción. Sabemos que se trata de desprecio debido a que la presión es más notoria de un lado del rostro que del otro. El hoyuelo que resulta de la mencionada presión es evidente. Es probable que la intensidad de la emoción sea leve, o que la persona que la manifiesta esté intentando controlarse. Puede ocurrir que las expresiones de desprecio no refieran a sensaciones de superioridad, sino a un fuerte sentido de indignación respecto de un comportamiento o idea cruel, egoísta o discriminatoria. Esta sería la función positiva de la emoción de desprecio, y su valor para la evolución humana.

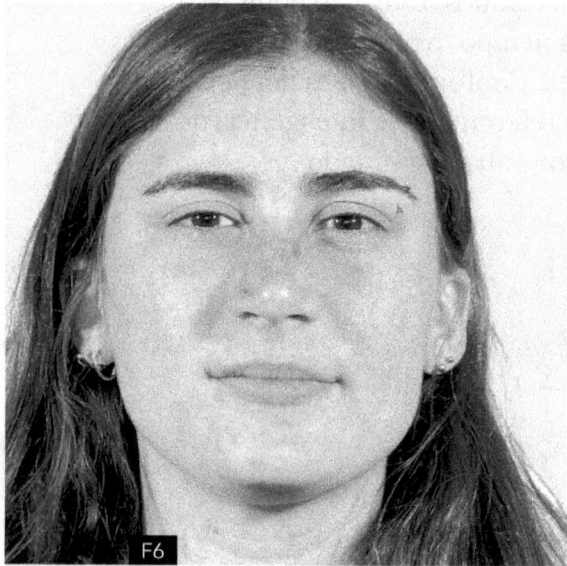

F6

F7. Junto a la expresión bucal unilateral de desprecio, en esta imagen aparece la elevación de una ceja como manifestación de descreimiento, suspicacia o duda. Hay que tener presente que en los países de habla hispana existe una regla cultural de exhibición, percepción e interpretación del desprecio que vincula esta emoción con la actitud escéptica, ya que es utilizada como emblema gestual de la frase "¿No me digas?", entonada irónicamente. Es probable que el uso de las expresiones de desprecio como señal de descreimiento sea universal, ya que el desprecio forma parte de los esta-

F7

dos afectivos que se suscitan ante un intento de engaño.

F8. El movimiento del mentón hacia el cuello agrega a la expresión unilateral de desprecio un matiz de confrontación, pues dicha acción manifiesta hostilidad y desafío. Un componente habitual del significado de esta expresión es la evaluación de los dichos o actos de otra persona como peligrosos para los intereses del emisor, y por lo tanto, como amenazantes, ante lo que se responde con una señal que transmite el mensaje de que se está preparado para el incremento de la tensión agresiva.

F8

F9. | F10. Las siguientes dos fotografías son ejemplos de diferentes expresiones despectivas que forman parte del comportamiento estándar del líder ruso Vladimir Putin. Obsérvese el común denominador: la presión en las comisuras de los labios que produce hoyuelos en dicha área del rostro. En la primera imagen, a la frialdad de la mirada, característica del comportamiento estándar de Putin,

F9

el adelantamiento de la cabeza agrega un matiz de expectante desafío. En la segunda, la frialdad de la mirada se combina con el estrechamiento dominante de la apertura ocular (mirada de control), mientras que la adopción de una postura corporal asimétrica, con el cuello inclinado respecto de la columna, señalan el reconocimiento y el confiado rechazo de un intento de persuasión. Las expresiones de desprecio pueden manifestar arrogancia, prepotencia y desaprobación, pero también disconformidad, pesimismo y resignación. Recordemos que, como emblemas de escepticismo, las expresiones de desprecio pueden funcionar de manera equivalente a la frase verbal "No te creo nada".

F11. Algunas personas, como el actor George Clooney, presentan una estructura morfológica del rostro con comisuras naturalmente marcadas, como podemos ver en esta fotografía. En este tipo de casos resulta difícil saber si la emoción de desprecio está presente, a menos que hayamos percibido el movimiento de presión en las comisuras por medio del cual esta emoción se manifiesta en el rostro.

IRA

"Ira" es un nombre genérico que representa un amplio espectro de matices emocionales, los que incluyen desde un leve enojo hasta la furia agresiva.

F12. El actor Charlie Sheen tiene una expresión de enojo que se manifiesta en la posición de las cejas, que adoptan forma de "V", debido a que los extremos internos bajan y se acercan. Por otra parte, la boca muestra un área roja reducida puesto que los labios están contraídos, rasgo que también constituye una manifestación característica de la ira. La intensidad de la emoción parece controlada, pero la elevación del mentón denota que su actitud es desafiante: el actor se ha puesto en guardia frente a un estímulo que le resulta intrusivo.

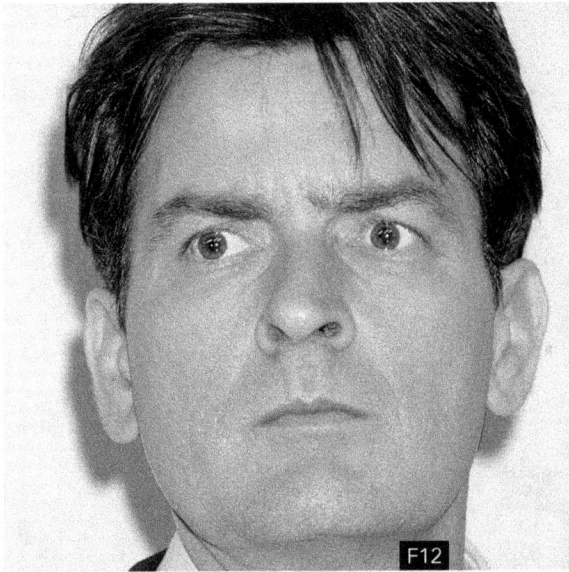

F13. El actor Matt Damon muestra una expresión en la que la boca adopta una forma típica de la ira cuando se hacen esfuerzos por controlar su intensidad: los labios son llevados hacia adentro y son apretados fuertemente entre sí, al tiempo que el espacio entre la parte interna de los

labios y las encías se infla con aire retenido. Los párpados se contraen y la apertura ocular se entrecierra para producir una mirada de control y dominancia. En esta imagen también podemos observar que una de las cejas se arquea y eleva en señal de sospecha.

F14.

F14. En esta expresión la emoción iracunda es muy intensa. Como en la imagen anterior, los labios se mantienen fuertemente apretados y se retiene aire entre su parte interna y las encías. Pero se agrega un descenso de las cejas muy pronunciado, en el que el acercamiento de los extremos internos produce las marcadas arrugas que podemos observar en el ceño. Por otro lado, las fosas nasales aparecen dilatadas, y la ceja derecha se arquea en señal de sospecha sobre las intenciones ajenas. El estímulo no solo es intrusivo, en el sentido de que representa un obstáculo para los deseos del sujeto, sino que es evaluado como amenazante. El hecho de que ante una amenaza una persona reaccione con ira en lugar de temor, muestra que el individuo considera que tiene suficiente poder para ganar la contienda, o bien que no tiene otra opción que la lucha.

TRISTEZA

F15. | F16. Los rostros de estos niños exhiben el rasgo más característico de la expresión de tristeza: la elevación del ángulo interno de las cejas, y la relajación de los párpados superiores. En su manifestación más completa, las comisuras de la boca se llevan hacia abajo, mientras el labio inferior puede subir un poco sobre el labio superior, gesto que en Argentina recibe la denominación popular de hacer "un puchero" o "pucherito".

F17. La posición de las cejas que caracteriza la expresión de tristeza es evidente en el rostro de un sobreviviente del accidente nuclear de Chernobyl (Ucrania, 1986).

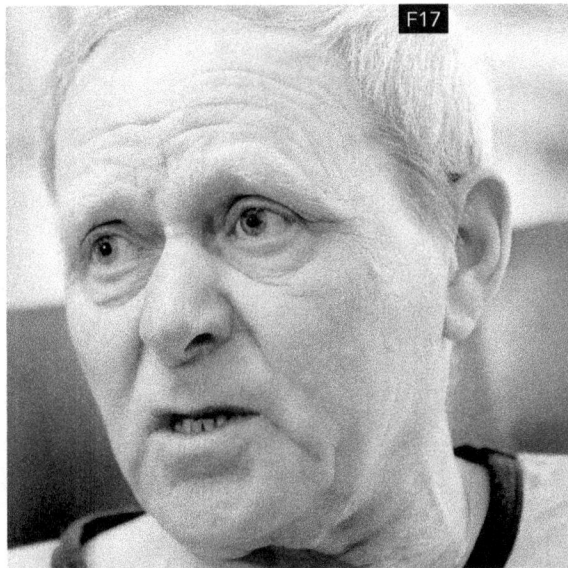

F18. En esta fotografía vemos la posición oblicua de las cejas en la expresión de angustia y llanto de un testigo de la entrada de las fuerzas de ocupación nazi en París durante la Segunda Guerra Mundial. La angustia implica la fusión de las emociones de tristeza y miedo. Los párpados superiores, que en la tristeza se presentan relajados, aparecen tensos debido a la presencia de sensaciones de temor, y esto hace que las cejas adopten una forma ondulada.

ALEGRÍA

F19. La expresión fenotípica de la alegría es producida por la activación de los músculos cigomáticos que elevan las comisuras de la boca en forma simétrica, en conjunción con la de los músculos orbiculares de los ojos, que contraen los párpados. Se trata de las llamadas *sonrisas de Duchenne*, nombre

que han recibido en honor al anatomista francés Guillaume Duchenne du Bologne, quien en 1867 descubrió que ante los eventos capaces de producir alegría, los grupos musculares nombrados se activan en forma coordinada y espontánea.

CAPÍTULO 3
El estudio de las sonrisas

Principales tipos de sonrisas

Las sonrisas son fundamentales en la CNV. Pueden expresar el más amplio espectro de emociones, estados de ánimo, sentimientos y rasgos de la personalidad. Sonreímos espontáneamente cuando nos sentimos auténticamente alegres o felices, pero esto solo ocurre en algunas ocasiones. En la vida cotidiana, lo más habitual es sonreír como forma de comunicación social: usamos sonrisas para transmitir nuestras buenas intenciones, mostrar complacencia, apaciguar a los demás, regular los turnos del diálogo, burlarnos y mostrar dominancia. La sonrisa también es el gesto más utilizado para enmascarar nuestras emociones negativas de tristeza, temor, ira o asco.

A pesar de los cuidados metodológicos que caracterizan a las investigaciones, los diferentes tipos de sonrisas a menudo han sido tratados como un fenómeno unitario.

Sin embargo, existen muchas sonrisas diferentes. La clasificación más general distingue entre *sonrisas sentidas y falsas sonrisas,* cuyas definiciones son las siguientes:

"Las sonrisas sentidas incluyen a todas aquellas en las que una persona siente realmente una emoción positiva. Las emociones positivas incluyen: placer producido por estimulación visual, auditiva, gustativa, kinestésica o táctil; diversión y agrado; contento y satisfacción; experiencias beatíficas; alivio del dolor, presión o tensión, y disfrute de otra persona." Mientras que "una sonrisa falsa es producida intencionalmente para convencer a otra persona que se experimenta una emoción positiva cuando no es el caso. Existen dos clases de falsas sonrisas. En una sonrisa inauténtica no se siente mucho, pero se intenta aparentar que se experimentan sensaciones positivas. En una sonrisa de enmascaramiento se realiza el intento de ocultar una fuerte emoción negativa mediante una apariencia positiva" (Ekman y Friesen, en: Ekman, Paul y Rosenberg, Erika, *What the Face Reveals: Basic an Applied Studies of Spontaneus Expression using the FACS.* Oxford University Press Inc., Nueva York, 1997, pág. 203).

Las sonrisas sentidas han sido bautizadas por el doctor Ekman como *sonrisas de Duchenne,* en honor a su descubridor, el anatomista francés Guillaume Duchenne, quien trabajó con Darwin en sus investigaciones sobre la expresión facial de las emociones.

Duchenne fue el primero en detectar que las sonrisas de alegría genuina son producidas por los movimientos espontáneos de dos pares de músculos específicos, que actúan coordinadamente para producir una expresión facial distintiva: los *orbicularis occuli* contraen los párpados y forman arrugas al costado de los ojos, conocidas como "patas de gallo", mientras que los cigomáticos mayores son responsables por la elevación de las comisuras de la boca.

Los estudios contemporáneos han corroborado que la presencia de "patas de gallo" es correlativa con una mayor capacidad de los observadores para distinguir a las sonrisas de alegría sentida del resto, y que es su más importante indicador junto con la elevación simétrica de las comisuras. También ha quedado establecido que los componentes morfológicos de la sonrisa de alegría genuina se manifiestan tanto en la interacción social como en soledad.

El corolario de estos estudios es el siguiente: "No solo existen múltiples diferencias físicas entre las sonrisas de alegría sentida y las que no lo son, sino también que estas diferencias son observables e influencian las impresiones subjetivas" (Frank, Ekman y Friesen, en: Ekman, P. y Rosenberg, E., id., pág. 234).

El origen de las sonrisas

De acuerdo con el trabajo de la doctora Karen Schmidt y el doctor Jeffrey Cohn[15], las sonrisas humanas son homólogas de dos fenotipos expresivos de los chimpancés. El equivalente simio de una expresión de alegría es la llamada cara *lúdica*, en la que la boca se abre en forma relajada mientras una o ambas encías y filas de dientes permanecen ocultos por los labios. Se ha observado que esta forma de exhibir la boca, sumada al alzamiento de las mejillas y la contracción de los párpados, es habitual en los infantes humanos durante las sesiones de juego con sus madres.

Siguiendo a Schmidt y Cohn, la sonrisa humana también es equivalente a la *exhibición de los dientes en contacto* de los primates no humanos, la cual consiste en separar ampliamente los labios para mostrar las filas de dientes superiores e inferiores en

---

15 Schmidt, Karen y Cohn, Jeffrey: "Human Facial Expressions...", op. cit.

estrecho contacto. En las manifestaciones faciales de amenaza, los chimpancés exhiben los dientes separando ampliamente las mandíbulas, paso previo a descargar una mordida. La exhibición de los dientes en contacto funciona como una señal de apaciguamiento. Su significado podría traducirse por la frase: "Mira, tengo los dientes juntos, no voy a morderte"[16].

Gracias a la evidencia filogenética, y al hallazgo de que las sonrisas espontáneas de los niños ciegos de nacimiento son morfológicamente idénticas a las de los demás niños, los estudios concluyen que sonreír es un comportamiento de origen innato.

De acuerdo con el psicólogo inglés David Lewis, los bebés coordinan instintivamente sus sonrisas con las de sus madres, o las de otras personas que los cuidan, y la probabilidad que un infante sonría a su madre es mayor cuando ella está atenta y también sonríe. Las sonrisas de los bebés cesan abruptamente cuando las madres dejan de sonreír.

Con el paso del tiempo, los bebés aprenden a regular la emisión de sonrisas para inducir a sus madres a prestarles atención. De esta manera consiguen que ellas les sonrían y vocalicen sílabas o frases cortas como respuesta lúdica. A medida que los niños crecen aumenta su iniciativa y aprenden a producir sonrisas que se parecen a las espontáneas, afinando y sintonizando sus expresiones según el contexto social. De este modo, el comportamiento innato resulta influenciado por la cultura en la que se desarrollan los niños[17].

En las primeras semanas de vida los bebés únicamente sonríen cuando están adormecidos. En estas expresiones, llamadas por Lewis *sonrisas tempranas*, los movimientos de los labios son bastante indefinidos, y no constituyen una respuesta a impresiones visuales o auditivas provenientes del

---

16 Lewis, David: *El lenguaje secreto del niño*. Martínez Roca, Barcelona, 1978/1980, pág. 80.
17 Lewis, David, id., pág. 84; Schmidt, Karen y Cohn, Jeffrey, op. cit., pág. 12.

entorno, sino señales de un comportamiento innato.

Alrededor de las cinco semanas de vida aparecen las expresiones faciales que Lewis llama *sonrisas en croissant*, caracterizadas por el estiramiento hacia arriba de las comisuras de los labios.

Alrededor de los seis meses, el desarrollo muscular y neurológico de los bebés permite que las sonrisas muestren claramente la configuración de rasgos que las caracterizan como señales espontáneas de placer y diversión. Esta configuración está compuesta por los marcadores de Duchenne: la elevación simétrica de las comisuras de la boca, y la contracción de los párpados que produce pequeñas arrugas al costado de los ojos. Los labios pueden permanecer en contacto o quedar levemente separados. Lewis llama *sonrisas simples* a estas expresiones.

La principal función que cumplen las sonrisas de los infantes pequeños es constituir saludos e iniciativas de comunicación lúdica con los adultos y con otros niños. Pero a partir de los dos años, las sonrisas ya son utilizadas con fines comunicacionales más complejos. La variación de los movimientos de los labios, la presencia de otros movimientos faciales y la duración de la sonrisa son factores cuya combinación puede producir mensajes muy distintos.

De acuerdo con el doctor Lewis, las sonrisas que presentan una mayor elevación de las comisuras y labios más separados "...son propias de los niños que confían en sí mismos y no experimentan angustia acerca del entorno. Pueden verse en los niños que juegan alegremente por su cuenta, o que miran jugar a otros niños con la clara intención de unirse a ellos". El mensaje de estas sonrisas es de alegría, gozo y diversión. En cambio, cuando las sonrisas presentan una elevación mínima y oscilante de las comisuras "...indican inseguridad, y son típicas de los niños tímidos que observan cómo juegan otros niños, sin animarse a participar. También se observan en niños normalmente seguros cuando se encuentran con adultos extraños. No representan un grado demasiado elevado de inquietud, pero sugieren que el niño se siente incómodo. También pueden ser usadas como señal de apaciguamiento hacia otros niños mayores o agresivos" (Lewis, David, op. cit., 1980, pág. 85).

Siguiendo a Lewis, a partir de que los niños completan su dentición, la separación de los labios puede dejar expuestas ambas hileras de dientes, o una sola. Las expresiones en las que se exhibe la hilera de dientes inferiores, mientras que la superior queda oculta por el correspondiente labio, "...son utilizadas por niños dominantes y agresivos, y con ellas expresan su deseo de conseguir lo que quieren. También aparecen cuando los niños dominantes se ven obligados por los adultos a hacer algo que no quieren, o cuando insisten en obtener algo a toda costa" (Lewis, David, id., pág. 91). Estas *sonrisas de dientes inferiores*, por lo tanto, expresan agresividad, a veces de manera segura y arrogante, y otras en forma reprimida, en cuyo caso podríamos considerarlas como expresiones de frustración.

En cambio, las *sonrisas de dientes superiores*, en las que la hilera superior de dientes queda al descubierto, mientras que la hilera inferior se mantiene oculta por el correspondiente labio, comunican la ausencia de intenciones hostiles. Por lo tanto, este tipo de sonrisas cumple la función del apaciguamiento y la afiliación; es decir, confirman la pertenencia al grupo al manifestar la intención de reducir las posibilidades de conflicto. Suelen ir acompañadas de un fuerte contacto visual, y aparecen cuando los niños se encuentran con amigos o con adultos por quienes sienten simpatía.

Es importante tener en cuenta que las sonrisas de dientes superiores pueden ser auténticas o artificiales. En las auténticas puede observarse la contracción de los párpados y la aparición de arrugas al costado de los ojos que señalan alegría. En las artificiales estos rasgos están ausentes.

Lewis describe otros tipos de sonrisas infantiles cuyo objetivo es el disimulo de las verdaderas emociones. En las *sonrisas controladas*, las comisuras y los labios se contraen en un esfuerzo por evitar un acceso de risa. Aparecen a partir de los cuatro años de edad, y los niños las manifiestan, por ejemplo, al tomar conciencia de las posibles consecuencias sociales de expresar su regocijo ante el ridículo de un adulto. Suelen acompañar esta expresión con el gesto de cubrirse la boca con la mano o girar la cabeza hacia un costado.

Otro tipo de sonrisas infantiles de disimulo corresponde a las manifestadas por niños aburridos o cansados a los que se les ha pedido que parezcan contentos. Lewis las llama *sonrisas "frozen cheese"*, debido a la costumbre inglesa de posar para las fotos mediante la pronunciación de la palabra *"cheese"*, tal como en nuestra región se utiliza la palabra *"whisky"*. Los labios aparecen estirados de manera exagerada y rígida, mientras el resto de la cara permanece inmóvil.

En las sonrisas que son la expresión de genuinos estados de alegría y bienestar, el grado de elevación de las comisuras, de separación de los labios y de contracción de los párpados (patas de gallo) aumenta con la intensidad de las sensaciones positivas hasta producir las expresiones que Lewis llama *sonrisas amplias*.

Estas son una variante de las *sonrisas de Duchenne* que manifiestan el grado de intensidad más alto de alegría y diversión inferior a la risa. Las comisuras de la boca aparecen bien elevadas, la contracción de los párpados y las arrugas al costado de los ojos son notorias, y la separación de los labios suele dejar a la vista ambas hileras de dientes, e incluso las encías.

El rol de las sonrisas en la inteligencia social

Sonreír es parte de nuestra herencia biológica. Sin

embargo, a diferencia del resto de las especies, los seres humanos no vivimos en contextos puramente ecológicos, sino que nuestro hábitat se encuentra altamente modificado por la influencia de la cultura y la organización social. Por lo tanto, como dicen Schmidt y Cohn, debemos considerar la evolución de las sonrisas humanas desde una perspectiva sociocultural.

En la primera infancia, las consecuencias adaptativas de las sonrisas están directamente relacionadas con el aumento de las oportunidades de interacción del niño con su madre. Los resultados de las investigaciones sostienen que el intercambio habitual de sonrisas entre el infante y su madre tiene consecuencias positivas en la autoestima y la adaptación social de los niños cuando son mayores, mientras que la falta de este intercambio tiene consecuencias negativas.

Las sonrisas son fundamentales para el desarrollo de la inteligencia social, definida por Belsky y Nezworski como "la capacidad para crear y sostener relaciones significativas"[18].

En la edad adulta, las sonrisas cumplen un rol adaptativo muy importante en el señalamiento de la intención cooperativa. Numerosos estudios señalan que el contexto evolutivo humano, en el que han predominado las interacciones repetidas y de largo plazo entre miembros de grupos pequeños, los patrones de expresión facial han cumplido la función de proveer información precisa respecto de las intenciones de los sujetos. Las consecuencias adaptativas de las sonrisas podrían incluir la probabilidad de que emisores y receptores se avengan a compartir alimentos y otros recursos, y se beneficien así de una relación recíprocamente altruista.

En la evolución de las sociedades humanas, la práctica del altruismo ha sido un elemento central para la su-

---

18 Citados por Schmidt, Karen y Cohn, Jeffrey, op. cit., pág. 12.

pervivencia. Schmidt y Cohn proponen la teoría de que esta práctica ha sido facilitada por el uso de señales no verbales específicas: las *sonrisas de Duchenne*, las cuales parecen apropiadas para cumplir la función de comunicar reciprocidad, debido a su capacidad para generar sonrisas del mismo tipo como respuesta automática e inconsciente por parte de los receptores[19].

Por otro lado, resulta importante que las señales altruistas sean difíciles de falsificar, y esta característica corresponde a las *sonrisas de Duchenne*, cuya simulación es una de las más arduas en comparación con las demás expresiones que es capaz de producir el rostro humano. De acuerdo con el doctor Ekman, el contraste entre las *sonrisas de Duchenne* y las que no lo son es a menudo interpretado como la diferencia entre expresiones positivas verdaderamente sentidas y otras menos sinceras. Por lo tanto, este tipo de sonrisas sería adecuado para jugar el papel de señales honestas de reciprocidad altruista.

Paradójicamente, para ser capaces de comunicar la predisposición a reciprocar en términos de ayuda mutua cuando fuese preciso, estas sonrisas tuvieron que dejar de ser espontáneas en sentido estricto, para convertirse en signos que responden a un condicionamiento cultural, en lugar de uno genético. De este modo, la forma externa de la señal espontánea fue conservada, pero el mecanismo de desencadenamiento se volvió ritual. La ejecución continua de este patrón expresivo pudo establecerse así como un indicador confiable de que el emisor actuaría en forma altruista[20].

---

19 Esto ha sido corroborado a través de experimentos en los que se llevó a cabo la medición electromiográfica de los movimientos faciales de quienes observaban *sonrisas de Duchenne*. Incluso cuando la expresión de una *sonrisa de Duchenne* como respuesta a otra sonrisa del mismo tipo no llegaba a manifestarse de manera visible, el miógrafo registró actividad en los músculos que la producen. (Schmidt, Karen y Cohn, Jeffrey, op. cit., pág. 14.)

20 Las señales originalmente espontáneas, que a través del aprendizaje se han vuelto automáticas en ciertos contextos, pueden cumplir importantes funciones sociales cuando son ejecutadas de acuerdo con un patrón ritual; es decir, en forma repetida y regular. "...Una

Tal sería el caso de las *sonrisas de Duchenne* ritualizadas, que Schmidt y Cohn denominan *sonrisas afiliativas*. Los estudios han demostrado que estas sonrisas, a las que se atribuye la virtud de ser signos de intención cooperativa, son más frecuentes entre amigos que entre quienes no lo son.

Schmidt y Cohn concluyen que la principal consecuencia adaptativa de las sonrisas afiliativas es la promoción de la inteligencia social, pues favorecen las dinámicas grupales de integración cooperativa. Como parte de estas dinámicas, sonreír afiliativamente constituye además una estrategia de apaciguamiento, pues cumple la función de morigerar los efectos de las situaciones socialmente disruptivas, como las rivalidades y las disputas.

Aunque las sonrisas afiliativas han sido propuestas como la mejor alternativa para comunicar un mensaje altruista en forma habitual, estas señales pueden producirse de manera engañosa, sobre todo entre individuos cuyos intereses están en conflicto. No obstante, Schmidt y Cohn señalan que esto no constituye un impedimento para que la mayoría se beneficie del uso honesto de este patrón expresivo, al permitirles coordinar sus actividades cooperativas[21].

Los investigadores afirman que el hecho de que las sonrisas afiliativas puedan ser reproducidas de manera voluntaria por algunos sujetos no afecta la consistencia de la hipótesis que les atribuye las condiciones necesarias para haber

---

señal que parece ser actuada de manera similar por todos los individuos de un grupo es de hecho un 'estándar' contra el que la cualidad de los diferentes individuos del mismo grupo es juzgada" (Zahavi, citado por Schmidt, Karen y Cohn, Jeffrey, id., pág. 13).

21 Como señala el antropólogo Ralph Linton: "El hecho de que los individuos reaccionen a una situación dada en una misma forma, capacita a cualquiera para predecir su conducta con un alto grado de probabilidad, si bien nunca con absoluta certeza. Esta capacidad de "re-dicción" es un prerrequisito para todo tipo de vida social organizada, pues si el individuo va a dedicarse a hacer cosas para los demás tiene que estar seguro de que obtendrá algo a cambio. La existencia de patrones o pautas culturales le proporcionan esa seguridad, ya que tienen como fundamento la aprobación social y representan el poder que tiene la sociedad de presionar a los que no se amoldan a ella" (Linton, Ralph: *Cultura y personalidad*. Breviarios, Fondo de Cultura Económica, México, 1981, pág. 34).

evolucionado adaptativamente como señal de reciprocidad. Sin embargo, persiste una cuestión muy importante: el uso de señales convencionales de altruismo con fines manipuladores por individuos egoístas y sociópatas como medio para alcanzar posiciones de poder.

El doctor Ekman señala que para la mayoría de las personas la capacidad de acierto en la detección de las mentiras es de alrededor del 50%. En otras palabras, más de la mitad de las veces podemos resultar engañados por un comportamiento falaz. Ekman explica que debido al patrón evolutivo de la estructura poblacional de los seres humanos, los mecanismos para la detección de los mentirosos no han provisto una clara ventaja adaptativa y, por lo tanto, no han estado sujetos a las presiones de la selección natural. Durante la mayor parte de nuestra evolución, los seres humanos hemos vivido en comunidades cerradas en las que el comportamiento habitual de todos sus miembros se conocía bien. Como dice Ekman, en los extraños, simplemente no se confiaba.

De todo lo dicho surge una conjetura provocadora: si las sonrisas afiliativas evolucionaron como señales honestas de reciprocidad altruista en pequeñas comunidades aisladas, su uso regular con fines de engaño es una posibilidad que ha crecido exponencialmente a partir de que comenzamos a vivir en grandes centros urbanos, en los que debemos interactuar cotidianamente con una multitud de desconocidos.

Resulta evidente que existen personas que han aprendido a usar sonrisas afiliativas con intenciones de engaño. En este contexto, el desarrollo de habilidades para la detección de los mentirosos constituiría un paso importante en la evolución de la inteligencia social.

En mis investigaciones he encontrado que existen sonrisas que pueden interpretarse como filtraciones inconscientes de la falta de voluntad para establecer relaciones de ayuda mutua. Las desviaciones morfológicas respecto de la pauta regular de expresión de las sonrisas afiliativas serviría para detectar intenciones manipuladoras en los emisores.

En otras palabras, la mentira no solo puede manifestarse a través del uso engañoso de señales honestas, lo que constituye el caso cuya decodificación correcta es la más difícil de todas, sino también mediante la expresión espontánea de sonrisas que expresan en forma directa intenciones egoístas y engañosas, lo que resulta un caso más sencillo, pero cuya decodificación aún no ha pasado a formar parte de la inteligencia emocional y social más difundida. Por otro lado, el fracaso en producir el tipo y la frecuencia de sonrisas apropiados para el desarrollo de la interacción cooperativa, y la manifestación habitual de falsas sonrisas, podría estar en la raíz de las dificultades culturales que debe superar una sociedad para alcanzar un estado de mayor bienestar en las relaciones entre sus miembros.

Aunque el sentido común tiende a considerar que el acto de sonreír es algo simple, los estudios revelan la complejidad de esta acción facial. Schmidt y Cohn señalan que el rango de contextos bajo los cuales las sonrisas ocurren, y su distinción a lo largo de un continuo para determinar los grados de honestidad manifestada, aún no han sido estudiados con profundidad. La capacidad de sonreír es una aptitud innata, pero su valor simbólico la convierte en una habilidad de amplias consecuencias para la vida en sociedad.

La interpretación de las sonrisas y sus funciones sociales

Los resultados de las investigaciones lideradas por la doctora Ursula Hess, de la Universidad de Quebec en Montreal, indican que los diferentes tipos de sonrisas influencian la atribución de rasgos de la personalidad. En las sociedades occidentales, las personas que sonríen son percibidas como más alegres y felices. Los individuos sonrientes también son percibidos como más buenos, agradables, sinceros, sociables, relajados, corteses y honestos que quienes no sonríen. Asimismo, los individuos sonrientes han sido calificados como significativamente más inteligentes, competentes y brillantes. Estos estudios también muestran que sonreír incrementa las calificaciones de atractivo estético y estatus social.

La intensidad de las sonrisas afecta positivamente los juicios que los observadores realizan sobre las variables de calidez, simpatía, optimismo y actitud conciliadora. Aunque no están típicamente asociadas con el dolor y el duelo, cierto tipo de sonrisas son interpretadas por las personas sufrientes como señal de que se tiene simpatía por ellas. También se ha encontrado que usamos sonrisas como señales de apaciguamiento cuando ofrecemos excusas y disculpas, o si deseamos evitar una pelea. Sonreír hace que tanto los rostros conocidos como los desconocidos sean considerados como más "familiares".

La percepción e interpretación diferencial entre individuos sonrientes y no sonrientes se manifiesta tempranamente en la infancia. En un experimento, se les pidió a grupos de niños de entre 8 y 10 años que dibujaran "gente agradable" y "gente inteligente", y ambos casos fueron representados con rostros sonrientes. En otro experimento se le solicitó a un grupo de niños que dibujaran "gente mala". Ninguno de los dibujos incluyó sonrisas.

La doctora Hess y su equipo llevaron a cabo una investigación cuyos resultados apoyan la noción de que diferentes tipos de sonrisas cumplen distintas funciones sociales. Se les pidió a los participantes que asociaran sonrisas con viñetas que representaban situaciones de dominancia, apaciguamiento y diversión. Los resultados fueron los siguientes: una *sonrisa de Duchenne* de alta intensidad fue asociada con la situación divertida; la expresión modelo para la situación de apacigua-miento resultó ser una *sonrisa de Duchenne* de mediana inten-sidad, y para la situación de dominancia, las sonrisas apenas sugeridas fueron el modelo de expresión señalado.

En otro estudio, las sonrisas que incluían patas de gallo fueron calificadas como más afiliativas, y como transmisoras de un estilo de dominancia asertivo, mientras que las sonri-sas en las que este marcador estaba ausente fueron asociadas con un menor nivel de afiliación, y un estilo de dominancia agresivo. Incluso cuando no se les solicitó a los observadores que prestaran atención a las diferencias entre las sonrisas, estas diferencias resultaron asociadas con impresiones sub-jetivas específicas. Por lo tanto, se concluye que las distintas sonrisas afectan la percepción de los observadores y causan impresiones y juicios diferentes.

En otro estudio, Hess y su equipo solicitaron a los su-jetos participantes en sus experimentos que calificaran son-risas y expresiones neutrales con relación a una serie de ras-gos de la personalidad. Los resultados confirman la noción de que los diferentes tipos de sonrisas cumplen funciones sociales distintas. Las expresiones neutrales fueron asocia-das con un menor grado de intención afiliativa y mayor agresión, mientras que las sonrisas moderadas y las intensas fueron asociadas con un mayor grado de intención afiliativa y menor agresión. Las sonrisas que incluían patas de gallo fueron calificadas como las más afiliativas de todas.

Otras investigaciones han intentado clarificar las pautas culturales del sonreír con relación a las diferencias de género y las épocas históricas. En un estudio de fotografías de perso-nas adultas en ocasiones públicas agradables, como ceremo-nias de casamiento o entrega de premios, que abarcó desde 1903 a 1999, no se observan sonrisas amplias hasta 1920; sin embargo, hacia 1970, aproximadamente el 60 % de los hom-bres y el 80 % de las mujeres aparecen sonriendo.

La diferencia en el comportamiento del sonreír puede entonces vincularse con las brechas generacionales. Tanto en las sociedades occidentales como en las orientales, los hombres y las mujeres de edad avanzada, y en particular los adultos mayores masculinos, sonríen menos frecuentemente y con menor intensidad que las personas más jóvenes. Esto se debe a que en el pasado las reglas de exhibición para la sonrisa eran diferentes de las actuales.

El estudio sugiere que existen notorias diferencias de género en torno a la sonrisa, ya que las mujeres sonríen más que los hombres. Se ha encontrado que los músculos responsables de elevar las comisuras de los labios para producir sonrisas son más gruesos en las mujeres que en los hombres. Sin embargo, la morfología y la frecuencia de las sonrisas en infantes y niños pequeños es la misma en ambos sexos, y las diferencias de género no aparecen sino hasta los ocho años de edad, lo que señala la influencia de las pautas culturales y el aprendizaje social.

Otro estudio sistemático de fotografías, esta vez provenientes de anuarios de colegios secundarios norteamericanos, que abarcó de 1968 a 1993, reveló que en esas imágenes solo el 55 % de los hombres sonreían, mientras que el 80 % de las mujeres lo hacía.

Según otros estudios, cuando los bebés generalmente percibidos como varones sonríen, pasan a ser identificados como niñas, en tanto que los bebés identificados normalmente como niñas tienden a ser descriptos como más sonrientes.

En su conjunto, los resultados muestran que las mujeres sonríen más que los hombres en una variedad de contextos. Algunos autores han propuesto la *teoría de la demanda expresiva* para explicar el impacto del contexto sociocultural sobre la sonrisa de las mujeres. Esta teoría sostiene que en las sociedades occidentales las pautas culturales especifican que el sexo femenino debe ser más expresivo, y también relaciona la frecuencia del sonreír con el poder relativo que hombres y mujeres tienen en la sociedad. Las mujeres sonríen más debido a que tienen menos poder, de modo que señalan sumisión (una variante de la función de apaciguamiento) mediante una mayor frecuencia de sonrisas, ya que se ha encontrado que los individuos con alto poder tienen más libertad para decidir si sonríen o no en una determinada situación.

La doctora Hess y sus colaboradores cuestionan esta teoría. Si bien hallaron evidencia de una pauta cultural que inhibe la exhibición de enojo en los individuos menos dominantes, no se han encontrado suficientes pruebas para el efecto contrario; es decir, que los individuos de baja dominancia estén obligados a sonreír más.

Otros investigadores sostienen que la frecuencia del sonreír no estaría mediada por el poder *per se*, sino por un complejo conjunto de expectativas asociadas a la dominancia. El sonreír puede estar más vinculado a la estima social que al poder objetivo. Factores como la popularidad intervienen más allá de la influencia de género, pues los individuos populares, considerados también como los más dominantes, son a la vez los más sonrientes.

En conclusión, el estado del conocimiento sostiene que la relación entre la mayor propensión a sonreír de las mujeres y su menor poder relativo en la sociedad no está demostrada. Los hallazgos sugieren que sonreír no es una actividad estrictamente femenina, ni una expresión que los individuos con bajo poder objetivo deban producir con mayor frecuencia.

De acuerdo con mis propios estudios, no existe un único modelo expresivo de dominancia. Las diferentes maneras de expresarla están basadas en distintos patrones de relacionamiento interpersonal, con consecuencias psicológicas, sociales y éticas diferentes.

En el liderazgo agresivo, la dominancia es coercitiva

y, por lo tanto, las expresiones de ira, desprecio y orgullo narcisista son más frecuentes que las sonrisas de alegría o las afiliativas. Bajo modelos de liderazgo empático, la dominancia emerge de la sinergia armónica entre grupo y líder, y en este contexto se puede esperar una mayor frecuencia de expresiones sonrientes.

La revisión de la literatura especializada muestra que los estudios interculturales sobre la sonrisa son escasos. La comparación entre norteamericanos y japoneses es la que más se ha profundizado. Los miembros de ambas nacionalidades asocian la sonrisa con la alegría y con las intenciones positivas, e interpretan las sonrisas dirigidas hacia ellos como un signo de aprobación. Los resultados también muestran que, en ambas sociedades, las sonrisas provocan una evaluación más positiva de la personalidad de los sujetos sonrientes por parte de los observadores, y que las mujeres sonríen más que los hombres. Si bien estos estudios enfatizan las semejanzas entre las reglas de exhibición de las sonrisas en diferentes culturas, también señalan la importancia de prestarle atención a sus posibles diferencias.

En las *culturas colectivistas*, como la china o la hindú, las sonrisas cumplen principalmente funciones de afiliación y apaciguamiento, pues el predominio del sentimiento de pertenencia al grupo sobre el sentido de individualidad estimula las exhibiciones emocionales que favorecen la reducción de las confrontaciones interpersonales directas. Las *culturas individualistas*, como la norteamericana o la argentina, son más abiertas a las expresiones de conflicto, y en ellas aparecen con más frecuencia sonrisas asociadas con la jactancia y la superioridad.

APÉNDICE FOTOGRÁFICO DEL CAPÍTULO 3

Ejemplos de las expresiones fenotípicas de los grandes simios relacionadas con las sonrisas humanas.

F20

F21

F20. Cara lúdica *(play face)* en un bebé orangután.

F21. Exhibición de los dientes en contacto en un chimpancé juvenil.

F22. Ejemplo de la expresión "cara lúdica" en un infante humano.

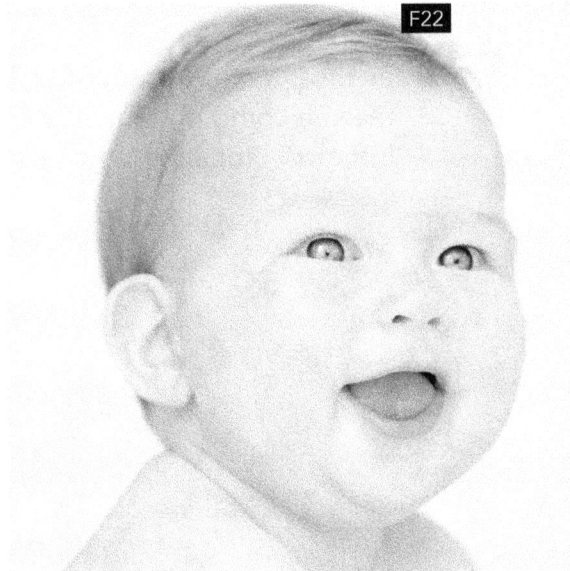

F22

F23. | F24. Ejemplos de sonrisas amplias, en las que la intensidad de las sensaciones de alegría es expresada por el grado de elevación de las comisuras de la boca y la contracción de

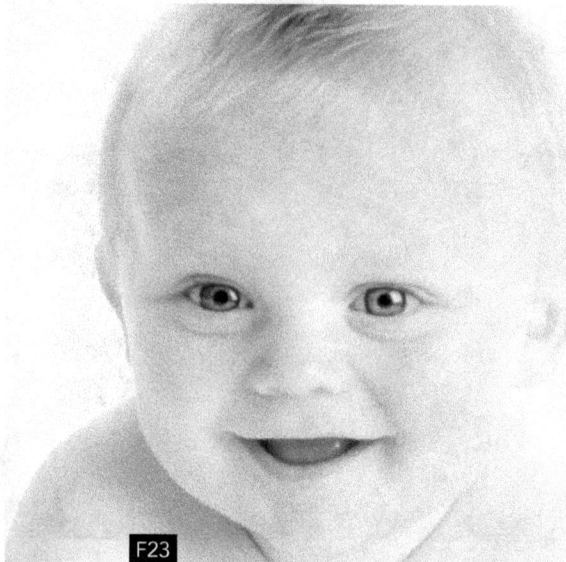

los párpados. La primera es una sonrisa anticipatoria, con las que los bebés expresan que han comenzado a percibir una situación como placentera y divertida. La segunda representa la inmersión total del bebé en el gozo del momento.

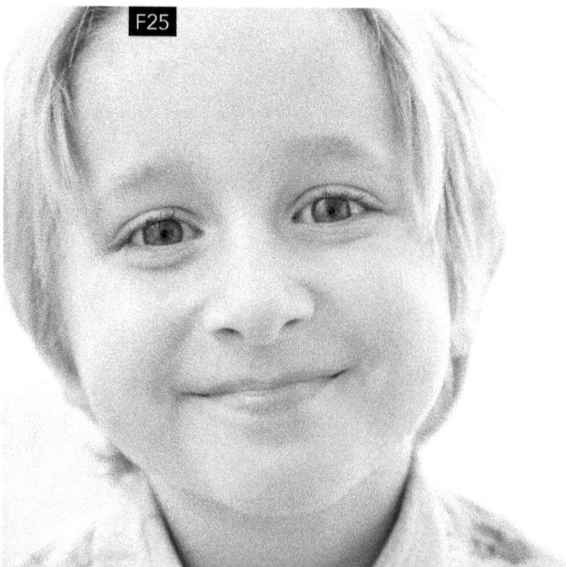

F25. | F26. Los niños aprenden de los adultos que las sonrisas no solo son la expresión espontánea de la alegría, sino que también pueden utilizarse de manera deliberada, con la intención de mostrarse agradables y obtener la simpatía de los demás. El ladeamiento de la cabeza forma parte de este tipo de sonrisas de apaciguamiento y empatía.

Pero a menudo también los niños producen sonrisas que no son sinceras. Debido a las presiones del entorno para que se muestren felices, o al deseo de que los adultos u otros niños no reconozcan las emociones que están sintiendo, producen

una amplia gama de sonrisas de encubrimiento de sus sensaciones de ira, tristeza, temor, asco y desprecio, así como una variedad de sonrisas inauténticas a través de las que intentan parecer más alegres y felices de lo que realmente están.

F27. En el rostro de este niño podemos ver una sonrisa de enmascaramiento de impulsos hostiles. La mandíbula inferior se proyecta hacia adelante, la contracción de los párpados está ausente y la mirada es penetrante y fija. Este tipo de sonrisas aparece característicamente cuando los niños se obstinan en conseguir algo que quieren, o son obligados a hacer algo que no quieren. Cuando se trata de un patrón

de comportamiento, puede ser una señal de que los niños sufren o son testigos de alguna agresión en el hogar o la escuela, tanto en la forma de abuso físico como psicológico. Es probable que estén ejerciendo sobre ellos altos niveles de vigilancia y control de su comportamiento espontáneo. Si los niños son físicamente fuertes, la ira re-

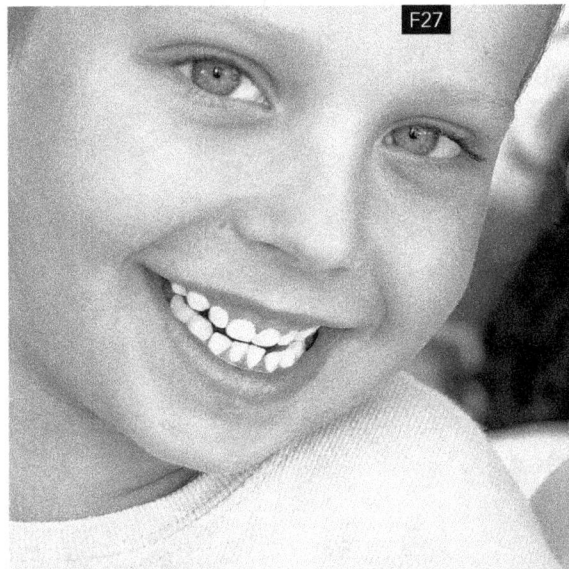

primida y la frustración afectiva pueden llevarlos recurrir al *bullying* como estrategia de descarga.

F28. La niña retratada muestra un movimiento débil de las comisuras de la boca, que en lugar de proyectarse hacia arriba, como en la alegría sentida, lo hacen hacia los costados. Se observa la contracción irregular de los párpados, producto de la intención voluntaria de producir un gesto que parezca una sonrisa. Los párpados superiores parecen estar relajados, lo que se corresponde con sensaciones de aburrimiento o de tristeza. Podría tratarse de que la niña se siente cansada y somnolienta, pero esto es contradictorio con el hecho de que la fotografía representa un momento de esparcimiento y actividad física al aire libre. Definitivamente esa niña no deseaba estar allí, o por lo menos que le tomaran fotografías.

F29. En esta sonrisa podemos observar que la relajación de los párpados superiores le otorga al rostro una expresión disfórica. La niña solo contrae los párpados inferiores y no ambos pares de párpados, como ocurriría si la alegría que desea aparentar fuese genuina. La elevación de las comisuras es mayor que en el ejemplo anterior, pero todavía es muy leve. El ladeamiento de la cabeza muestra el intento que hace la niña por mostrarse simpática y agradar, pero la debilidad de la sonrisa revela que trata de disimular sensaciones de tristeza.

F30. En esta fotografía vemos que los labios se separan ampliamente dejando al descubierto ambas hileras de dientes, pero las comisuras se proyectan hacia los costados, y no hacia arriba, mientras que los dientes están apretados. La mandíbula inferior llevada hacia adelante, y las arrugas en la

F30

piel del puente nasal, también señalan la presencia de sensaciones negativas. Si observamos el área de los ojos, notaremos la contracción exagerada de los párpados inferiores y la ausencia de movimiento en los superiores, lo que no condice con los rasgos de la alegría genuina. El sentido de esta sonrisa forzada es el de aparentar un estado de intensa alegría que la niña en realidad no siente, y el de disimular los impulsos agresivos desencadenados por el disgusto y la incomodidad.

F31. En esta expresión, resultado de querer enmascarar sensaciones negativas con la simulación de una sonrisa, el intento de elevar las co-

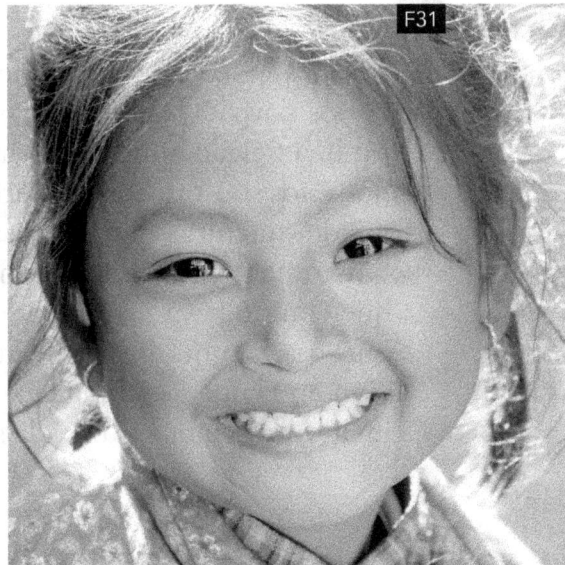
F31

misuras es neutralizado por el movimiento de estas hacia abajo y los lados, característico del temor. Los labios se separan un poco, y la sonrisa adquiere una apariencia aplanada. La contracción de los músculos orbiculares de los ojos solo es observable en los párpados inferiores, mientras que los superiores se estiran hacia arriba elevando las cejas, lo que constituye una señal de perplejidad y sumisión. Dado que los dientes parecen estar apretados, esta expresión no corresponde a la emoción de la alegría, sino al disimulo de sensaciones de temor y rechazo, provocadas quizá por la timidez ante un extraño y la incomodidad de estar posando.

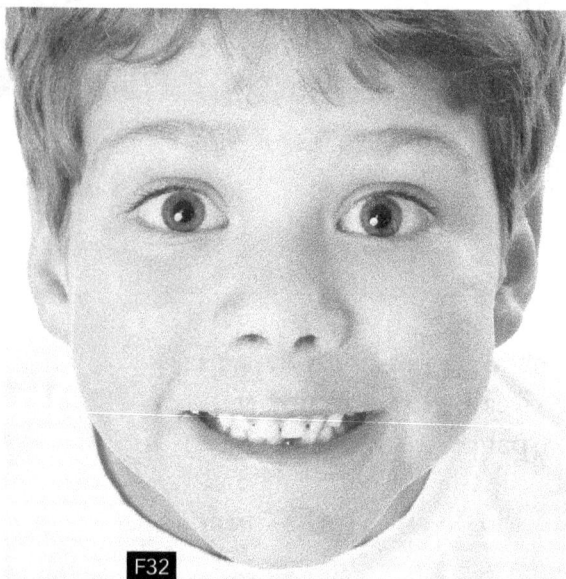

F32

F32. En el rostro de este niño podemos ver la tensa elevación de las cejas, lo que produce que adquieran un aspecto recto. La contracción de los párpados inferiores genera que estos se superpongan sobre el círculo del iris, mientras que la elevación de los superiores, muestra la línea completa de su circunferencia. Si la tensión en los párpados superiores fuese apenas mayor, se observaría una delgada línea del blanco de los ojos sobre el iris. Todos estos son rasgos característicos de la expresión facial del miedo, mientras que el estiramiento de los labios en forma horizontal es típico del disimulo de esta emoción. Es posible que el niño haya manifestado esta expresión como una pose graciosa, aunque también puede haberse debido a la situación en la que fue tomada la fotografía, que necesariamente incluyó una cámara ubicada sobre la cabeza del niño.

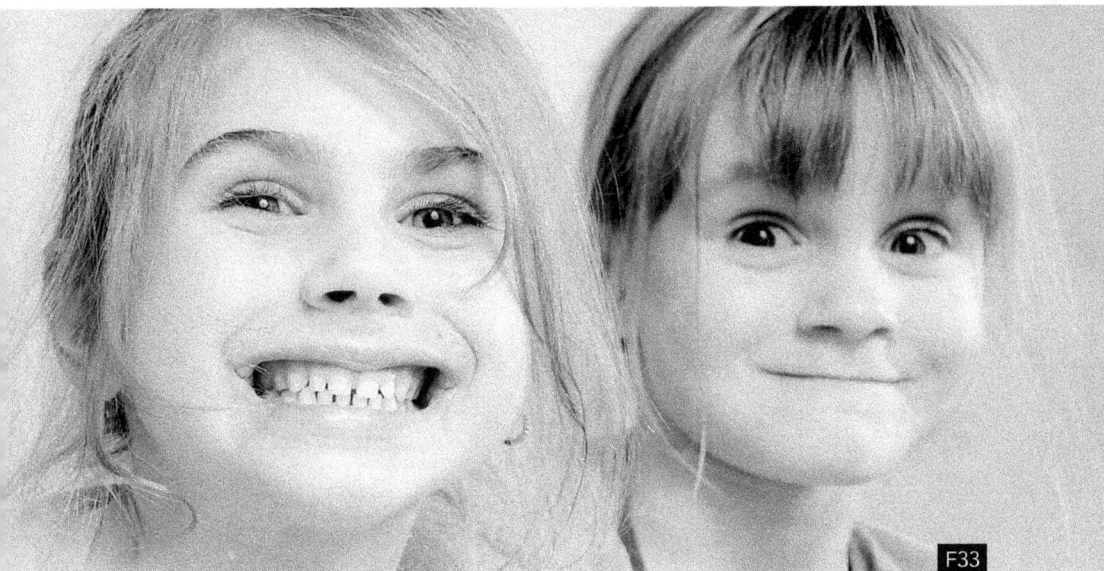

F33

F33. En esta fotografía podemos observar dos expresiones distintas. En la niña de la izquierda, la exageración de los movimientos de estiramiento horizontal de los labios produce una sonrisa inauténtica, también llamada "sonrisa congelada", típica de los niños a quienes se les ha pedido sonreír para una foto y no se sienten verdaderamente alegres. La niña de la derecha realiza una sonrisa contenida, que podría interpretarse como manifestación de burlona diversión, pero los labios apretados y volcados hacia dentro señalan tensión. Quizá también esté manifestando cierta cuota de temor, debida a las sensaciones de timidez que le provoca el estar expuesta.

CAPÍTULO 4
Sonrisas bilaterales

Suele creerse que todos los gestos en los que las comisuras de la boca se estiran hacia arriba, e incluso hacia los lados, pertenecen a la misma categoría. Sin embargo, existen muchas sonrisas diferentes, no solo por las distintas combinaciones de movimientos de los músculos faciales, sino también por el significado que adquieren debido al contexto de cada situación particular.

El estado del conocimiento muestra que aún no se ha llegado a contar con un atlas exhaustivo de todos los tipos de sonrisas existentes. Para realizar mi tesis doctoral sobre este tema, y en la continuación de este trabajo a lo largo de los años, llevé a cabo la compilación de un archivo de más de quinientos ejemplos de sonrisas, escogidos de una muestra aleatoria de más de diez mil fotografías, tomadas de la web, diarios y revistas de circulación masiva, y otras fuentes, como catálogos y folletos publicitarios.

La primera clasificación que obtuve divide a las sonrisas en dos categorías morfológicas fundamentales: bilaterales y unilaterales. Las sonrisas bilaterales son aquellas en las que se elevan ambas comisuras de la boca en forma simétrica. En cambio, en las sonrisas unilaterales se eleva solo una de las comisuras, o ambas, pero de manera marcadamente asimétrica, de modo que resulta fácilmente observable que una se ha elevado más que la otra.

1. Sonrisas de alegría sentida

Debido a un mecanismo genético de desencadenamiento involuntario, las sonrisas que presentan la actividad espontánea del músculo cigomático mayor en conjunción con la del orbicular del ojo son la expresión paradigmática de la emoción de alegría. Mientras que los cigomáticos son responsables de la elevación de las comisuras de la boca, los orbiculares contraen la piel que circunda los ojos y producen las llamadas "patas de gallo". Ante un evento capaz de generar alegría, estos músculos se activan en forma simultánea y simétrica en ambos lados de la cara. El movimiento se desenvuelve de manera regular, sin oscilaciones ni movimientos bruscos, y los mencionados músculos alcanzan su máximo grado de contracción al mismo tiempo.

Las sonrisas de alegría sentida se presentan en diferentes niveles de intensidad. Aquellas en las que los labios permanecen en contacto, o apenas se entreabren, son expresión de contento, alivio, agrado o empatía; mientras que aquellas en las que tanto los dientes superiores como los inferiores quedan al descubierto –debido a la separación de los labios que acompaña la elevación de las comisuras– manifiestan el grado máximo de placer o diversión inferior a la risa. Dentro de este grupo, las sonrisas en las que los dientes aparecen separados representan mayor intensidad emocional que aquellas en las que los dientes están en contacto. Por otro lado, la función de las sonrisas en las que solo la hilera superior de dientes queda al descubierto, mientras se mantiene oculta la inferior, es expresar una intención apaciguadora; es decir, de reducción de las posibilidades de conflicto.

F34. El rasgo más saliente de la comunicación no verbal del presidente norteamericano Barack Obama es su capacidad para producir sonrisas de alegría sentida. No sabemos si se trata de una extraordinaria capacidad para codificarlas de forma perfecta, aun sin sentir necesariamente la felicidad que transmite, o si se trata del caso de un hombre que, a pesar del estrés implicado por sus enormes responsabilidades, ha alcanzado un nivel de inteligencia emocional que le permite disfrutar de su trabajo y de la vida de manera extraordinariamente plena. Mi experiencia en el estudio de las sonrisas me inclina a pensar que se trata de este último caso, aunque eso no quita que, en función de sus dotes actorales, Obama también sea capaz de recurrir a su memoria kinésica para poner en escena, de manera simbólica y con fines comunicativos deliberados, sonrisas emblemáticas de alegría para transmitir apertura, apaciguamiento y buena predisposición, aun frente a sus enemigos políticos. La razón por la que las sonrisas de alegría genuina de Obama son indistinguibles de las que podrían no serlo reside en que, a diferencia de otros políticos o celebridades que quisieran ser capaces de lo mismo, el presidente norteamericano produce un leve descenso de las cejas cuando sonríe, debido a que contrae con la misma intensidad tanto los párpados inferiores como los superiores. Este sutil marcador de alegría de alta intensidad está ausente en las sonrisas menos sentidas.

F35. Las sonrisas de alegría sentida que incluyen el "mohín" no son mencionadas por el doctor Ekman. El mohín representa la manifestación de sensaciones de ternura. Se trata de una sonrisa habitual de los adultos hacia los bebés y niños pequeños, que Barack Obama utiliza asiduamente con el fin de atemperar los efectos de su estatus, de modo tal de reducir las posibilidades de amedrentar a las personas con las que interactúa, quienes podrían sentirse inhibidas por la distancia de poder respecto del presidente estadounidense. Aunque en algunas ocasiones resultan difíciles de distinguir, las pequeñas arrugas en el puente de la nariz que forman el mohín son diferentes de las provocadas por las sensaciones de disgusto, ya que no están acompañadas por la contracción de los párpados.

F35

2. Sonrisas afiliativas y de apaciguamiento

En el proceso de evolución de la especie humana, las sonrisas de alegría sentida proveyeron una señal honesta de intenciones cooperativas, cuya importancia para el desarrollo de la inteligencia social impulsó un proceso de ritualización, a través del cual adquirieron la función de señalar predisposición hacia la conducta recíproca y altruista.

F36

F36. Las sonrisas *afiliativas de alta intensidad* replican los rasgos de las sonrisas de alegría sentida, pero no expresan la emoción básica de alegría, sino que constituyen su emblema o signo ritualizado, cuyo significado podría traducirse como: "tu presencia me es grata" o "estoy feliz de estar acá". La actriz Julia Roberts no solo se caracteriza por su amplia sonrisa, sino porque sonríe de tal manera que transmite dulzura y cordialidad. La expresión carece de la bajada de las cejas presente en las sonrisas de alegría más intensa. Los párpados inferiores se contraen mientras que los superiores permanecen relajados, lo que le da a los ojos la apariencia de un semióvalo, con un borde inferior recto y un borde superior curvo. Esta figura de los ojos es la que transmite la impresión de empatía y serenidad que observamos en su rostro.

Las sonrisas afiliativas son habituales en las interacciones entre familiares, amigos o personas que se tienen simpatía. Y no solo son utilizadas por las celebridades del espectáculo con el fin de proyectar una imagen amigable y de esa manera estimular la fidelidad de sus seguidores, sino que también los políticos recurren a ellas con el mismo objetivo.

F37. Las *sonrisas afiliativas de baja intensidad*, como la que podemos ver en el rostro de la presidenta de Brasil, Dilma Rousseff, muestran una menor elevación de las comisuras y menor contracción de los párpados inferiores que las de alta intensidad. Durante las conversaciones, estas sonrisas son acompañadas por movimientos afirmativos de la cabeza, y son utilizadas para hacerle saber al interlocutor que se ha comprendido lo que ha dicho, y alentarlo a seguir hablando. Muchas veces son producidas al mismo tiempo que las vocalizaciones del tipo "uhum" o "ahá", que señalan que se presta atención. Son sonrisas de cortesía y cooperación, que pretenden mostrar coincidencia o comprensión, el propósito de realizar algo, o el reconocimiento de que lo que ha dicho el otro es apropiado. El pronunciado ladeamiento de la cabeza que podemos observar en la presidenta de Brasil incrementa el sentido empático de su sonrisa, en tanto llama inconscientemente la atención sobre la exposición del cuello. Esta postura constituye una señal de apaciguamiento, dado que al exponer esta parte vulnerable del cuerpo muestra la ausencia de intenciones agresivas.

95

3. Sonrisas de asertividad

En este tipo de sonrisas se mantienen los labios en contacto y se produce una elevación muy leve de las comisuras. No se generan arrugas al costado de los ojos, e incluyen una mirada que puede ser serena, o muy atenta y penetrante. Pueden observarse en el comportamiento habitual de personas exitosas, quienes las utilizan inconscientemente como expresión de autoconfianza, capacidad de decisión y firmeza de carácter.

F38. En esta fotografía vemos al actor Bruce Willis produciendo una sonrisa de asertividad en la que la elevación de las comisuras es ínfima y no se manifiestan arrugas al costado de los ojos. Resulta interesante describir en detalle la asimetría que puede percibirse entre ambos lados de su rostro. El lado derecho muestra el párpado superior caído sobre las pestañas, que como marcador característico de tristeza, le otorga a la expresión un matiz introvertido y afectuoso. El actor compensa la aparente debilidad implicada en esta manifestación de sensibilidad, con una mayor contracción unilateral de la mejilla y el párpado inferior de ese lado del rostro, lo que crea una imagen de autosuficiencia. Por su parte, el lado izquierdo del rostro representa una actitud emocional más recia, y un estado cognitivo de mayor atención, a través de una mayor fijación de la mirada. El mentón levemente elevado colabora con la proyección de una imagen general de orgullo.

F39. Esta sonrisa de la actriz Angelina Jolie también corresponde a la categoría de asertividad, ya que la elevación de las comisuras de la boca es muy leve y no se manifiestan arrugas al costado de los ojos. Los párpados se encuentran relajados y levemente entrecerrados. La mirada se concentra en un foco de atención específico pero no es agresiva, sino blanda. Además de transmitir la intensa confianza que la persona tiene en sí misma, estos rasgos oculares le otorgan a la expresión un matiz sereno y ligeramente erótico.

F39

4. Sonrisas amortiguadas[22]

Con este tipo de sonrisas las personas procuran controlar la intensidad de su alegría o su desdén, para evitar mostrarse demasiado satisfechas ante los demás, o disimular sus sensaciones de superioridad.

F40. En algunas sonrisas amortiguadas, como la que vemos en esta fotografía del actor Owen Wilson, apretar los labios como forma de control es suficiente para que las comisuras no se eleven, sin que lleguen a bajar. Esto ocurre debido a que la intensidad de las sensaciones de alegría supera la capacidad del emisor para ejercer control sobre la expresión, o cuando se tiene poco interés en disimular que una situación resulta ridículamente divertida.

También es parte de un estilo dominante cuando su manifestación es habitual. Si observamos el lado derecho del rostro de Owen Wilson veremos el matiz burlón o irónico de su expresión, mientras que su lado izquierdo manifiesta una mirada de control y monitoreo de la situación.

---

22 Categoría propuesta por Ekman, Paul: *Cómo detectar mentiras*. Altaya, Barcelona, 1995, pág. 158). Estas sonrisas se corresponden con las llamadas sonrisas controladas de los niños, descriptas por Lewis, D. (op. cit., 1980, págs. 90-91), que hemos visto en el capítulo anterior.

F41. Las sonrisas amortiguadas pueden tener una apariencia bastante retorcida. En esta expresión facial del cantante Robbie Williams, el labio
inferior se lleva hacia arriba
sobre el superior y ambos
se aprietan, mientras las comisuras se llevan hacia abajo. La presencia de una ceja
elevada agrega un matiz de
dominancia, en el sentido de
representar una actitud cues-
tionadora, asociada con el
desafío o el desdén. Este caso
presenta una notable diferencia entre ambos lados del
rostro. Mientras el derecho
es el que parece sonreír, el izquierdo manifiesta enojo.

5. Sonrisas burlonas[23]

F42. En lugar de retener las comisuras para que no se eleven, como ocurre con las sonrisas amortiguadas o reprimidas, las sonrisas burlonas se caracterizan por el estiramiento forzado de los labios y la elevación de las comisuras en un ángulo más pronunciado que el de una sonrisa auténtica. En este tipo de sonrisas, como la que vemos en el rostro del ex presidente español José Luis Rodríguez Zapatero, la alegría está completamente ausente, de modo tal que solo expresan matices de la superioridad, el desdén o la insolencia. Algunas variantes de este tipo de sonrisas pueden representar simplemente un desafío a las convenciones sociales. No es este el caso. Obsérvese la ausencia de contracción de los párpados y la mirada fija, característica del control y la dominancia. El marcado hoyuelo que aparece en la mejilla izquierda de Zapatero es típico de algunas variantes de la expresión de desprecio en la que se ejerce una fuerte presión sobre una o ambas comisuras de la boca.

23 Llamadas por Ekman "sonrisas de Chaplin", en: *Cómo detectar mentiras*, op. cit., 1995 págs. 161-162.

6. Sonrisas de grata sorpresa[24]

F43. Cuando se funde la alegría y la sorpresa, la elevación simétrica de las comisuras de la boca y la contracción de los párpados se manifiestan simultáneamente a la elevación de las cejas en forma arqueada, la caída del mentón y la apertura de la boca de manera relajada. Estas sonrisas ocurren cuando el evento inesperado que ha causado la sorpresa es percibido al mismo tiempo como agradable, divertido, beneficioso, o relacionado con los afectos. Recibir un regalo que supera las expectativas, o encontrarse con un amigo a quien no se veía desde hacía tiempo, son desencadenantes típicos de las sonrisas de grata sorpresa, como la que vemos en el rostro de la actriz Angelina Jolie.

F43

---

24 Categoría propuesta por Ekman, Paul , id., 1995, pág. 161.

7. Sonrisas de gozosa modestia

F44. Cuando se recibe una felicitación o se gana un premio, los sujetos con una personalidad equilibrada reaccionarán en forma diferente de los narcisistas. Las sonrisas de alegría sentidas funcionan como expresión de orgullo, pero en la persona que reacciona con humildad, estas sonrisas se funden con el tipo de mirada que caracteriza las sensaciones de vergüenza: hacia abajo y al costado. En el caso de los narcisistas, veremos sonrisas que expresan sensaciones de superioridad. Se trata de las sonrisas unilaterales, de las que nos ocuparemos en el próximo capítulo.

F44

8. Sonrisas de gozosa ira[25]

La fusión de las emociones de alegría e ira da como resultado las expresiones llamadas *sonrisas crueles* o *sádicas*. No se trata de un intento de enmascarar la ira, sino de su disfrute. Este tipo de sonrisas, cuando forma parte del comportamiento no verbal estándar de una persona, señala falta de capacidad para la empatía, y mayor propensión a actuar en forma agresiva y vengativa.

F45. | F46. En este tipo de sonrisas los labios muestran el afinamiento característico de la ira, y aparecen volcados hacia el interior de la boca. Estos rasgos serán notorios sobre todo en el labio superior. La elevación de las comisuras suele ser media o amplia, ya que una leve no representaría la intensidad que acompaña esta clase de fusión emocional. Los párpados suelen aparecer entrecerrados y la mirada muestra gran fijación, lo que señala dominancia y determinación. En algunos casos, los ojos pueden aparecer "desorbitados"; es decir, con una gran abertura de los párpados

F45

F46

25 Categoría propuesta por Ekman, P., id., 1995, pág.160.

y los globos oculares proyectados hacia afuera, rasgo típico de una fuerte excitación emocional. La mandíbula inferior puede aparecer proyectada hacia adelante, y los labios pueden abrirse un poco y dejar ver los dientes apretados.

9. Sonrisas encubridoras de las emociones negativas

Es habitual que utilicemos sonrisas para enmascarar nuestras emociones negativas. Muchas veces no nos sentimos bien, pero de todas maneras sonreímos. Lo hacemos para favorecer la comunicación o para manipularla. Las sonrisas que resultan de encubrimientos de estados emocionales negativos son un medio para hacerle creer a los demás que se sienten emociones positivas cuando no es el caso. A estas sonrisas se las puede distinguir por los movimientos de las cejas, los párpados y los labios que señalan ira, temor, tristeza o disgusto.

9.1. Sonrisas encubridoras de la ira

F47. Este tipo de sonrisas es el resultado del intento de ocultar nuestras sensaciones de hostilidad y rechazo cuando no queremos que los demás adviertan estas emociones. El principal rasgo que permite identificarlas es la reducción del área visible de los labios, que se vuelcan hacia adentro. Pero a diferencia de lo que sucede en las sonrisas de gozosa ira, en las encubridoras de la ira los labios se mantienen fuertemente apretados entre sí, como estrategia de control. Es habitual que en este tipo de sonrisas los párpados estén entrecerrados, lo que produce una mirada agresiva y penetrante.

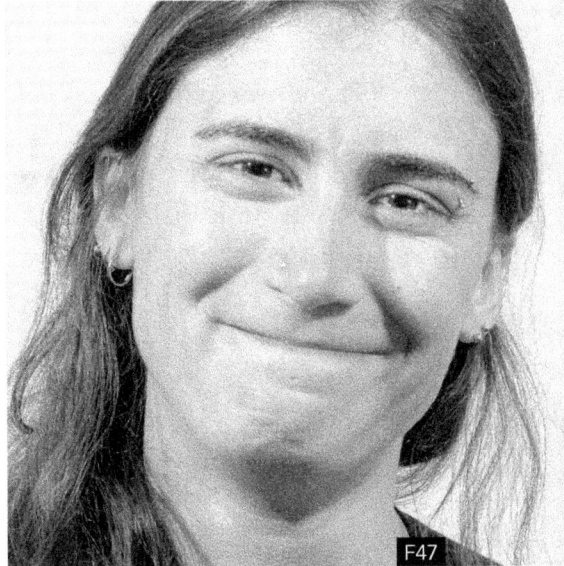

105

F48

F48. En esta fotografía vemos al actor George Clooney manifestando una sonrisa encubridora de sus impulsos hostiles, mientras participa de las actividades promocionales durante el estreno de una obra de teatro. A pesar de lo que pudiera pensarse de él, en tanto estrella de la industria cinematográfica acostumbrado a la fama y los *paparazzi*, se trata de una persona a la que no parece gustarle la situación de posar para ser fotografiado. Esta conclusión es posible en el contexto del estudio del comportamiento estándar del actor: en este tipo de situaciones, raramente produce sonrisas sentidas.

9.2. Sonrisas encubridoras del temor

F49. Estas sonrisas son el resultado del intento de ocultar el temor ante los demás. Están caracterizadas por la presencia en el rostro de los marcadores típicos de esta emoción: las

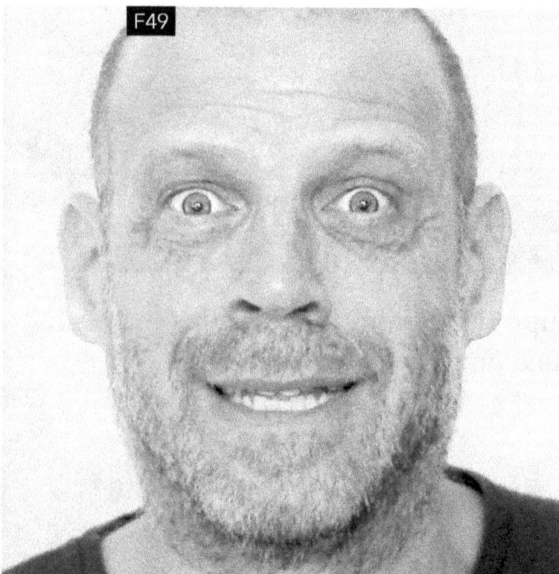
F49

cejas se elevan en forma tensa, adquiriendo un aspecto recto, los párpados superiores se abren más de lo normal, dejando ver el blanco de los ojos por encima del iris, y los de abajo se tensan, cortando la parte inferior de la circunferencia del iris. Otro de sus marcadores es el estiramiento de los labios hacia abajo y los costados, manifestación que al fundirse con la elevación de las comisuras con la que se intenta aparentar una sonrisa, hace que la boca adopte una apariencia aplanada. Otro rasgo es la ausencia de las arrugas al costado de los ojos que caracterizan a las sonrisas de alegría sentida.

9.3. Sonrisas encubridoras del asco/disgusto

F50. Estas sonrisas son el resultado del intento de ocultar el rechazo que se siente por otra persona, sus dichos, o una situación que resulta incómoda. La característica fundamental de la expresión del asco/disgusto es la formación de pliegues en la piel del puente de la nariz, en uno o ambos lados de él. También puede ocurrir que se eleve apenas el labio superior a la altura del diente canino, como si fuese un gruñido, agregándole un matiz de mayor hostilidad.

F50

Los participantes de mis experimentos, tanto en la Argentina como en otros países latinoamericanos, se han mostrado mayoritariamente incapaces de percibir el encubrimiento sonriente del asco/disgusto, que en las situaciones sociales más comunes significa rechazo. La tendencia a creer que estas sonrisas expresan alegría podría ser la manifestación de una regla cultural que establece un acuerdo tácito de mutua "vista gorda": si te disgustas conmigo y no quieres que lo sepa, haré de cuenta que no has sentido nada, y tú harás lo mismo con mis encubrimientos.

Mi interpretación de esta regla cultural es que está relacionada con la intención de llevarse bien, pero también con la compulsión por agradar. Por un lado, esta pauta puede ayudar a "aceitar" las relaciones sociales, sobre todo las difíciles, y evitar (o postergar) los conflictos. Sin embargo, también puede verse como un indicador de insinceridad en el trato, que podría estar ligado a cierto grado de superficialidad en las relaciones.

9.4. Sonrisas encubridoras de la tristeza

Este tipo de sonrisas se produce cuando deseamos ocultar nuestras sensaciones de tristeza ante los demás, e intentamos fingir que nos sentimos bien. Cuando se intenta encubrir las sensaciones opresivas de la tristeza, la elevación de los ángulos internos de las cejas, y la relajación y caída de los párpados superiores, serán visibles al menos en uno de los lados del rostro. Como parte del encubrimiento, junto a la elevación de las comisuras con la que se intenta simular una sonrisa, pueden aparecer arrugas al costado de los ojos.

F51. Algunas personas han desarrollado un estilo de comunicación no verbal que incluye la frecuente emisión de sonrisas en las que pueden observarse los marcadores de tristeza de las cejas. Este tipo de "sonrisas tristes", como las llama Ekman, no corresponden a la categoría de encubrimiento de la tristeza, ni a la de sonrisas de resignación presentadas abajo. En cambio, como sugiere Ekman, se

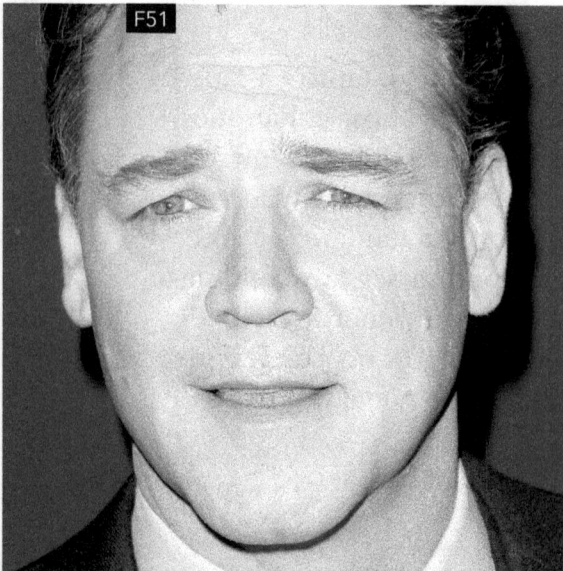

trata de sonrisas que son utilizadas por algunos hombres como parte de sus estrategias de seducción. El sentido evolutivo de las señales faciales de tristeza es el de funcionar como un pedido de ayuda del bebé hacia su madre, y provocar un impulso de asistencia. Con sus sonrisas tristes, el actor australiano Russell Crowe logra combinar las señales de masculinidad y dominancia de la anatomía de su rostro, como su mentón prominente que señala altos niveles de testosterona, con signos gestuales de vulnerabilidad que generan impulsos maternales de protección.

10. Sonrisas de resignación[26]

Este grupo de sonrisas tiene matices que dependen del contexto y la intención con que sean expresadas.

F52. Las sonrisas de compasión y autocompasión, que el doctor Ekman denomina *sonrisas tristes*, presentan la elevación de los extremos internos de las cejas, acto que, como hemos visto, forma parte de la expresión prototípica de la tristeza. Estas sonrisas, como la que vemos en el rostro del actor norteamericano Adrien Brody, pueden simbolizar la aceptación momentánea de la infelicidad y la resignación que se siente ante la propia desdicha, o representar un comentario gestual de empatía por el sufrimiento ajeno. Suelen ir acompañadas de un movimiento afirmativo de la cabeza mientras se escucha. Algunas de sus variantes incluyen el leve alzamiento del labio inferior sobre el superior y/o la contracción de las comisuras, que en estos casos no implica desprecio, sino resignación. Estas sonrisas constituyen una forma de expresar vulnerabilidad y sumisión, y a través de ellas se transmite una intención apaciguadora.

Las expresiones que el doctor Ekman llama *sonrisas*

---

26 Reorganización conceptual de tres categorías diferentes propuestas por el doctor Ekman, Paul, id., 1995, pág. 159.

mitigadoras incluyen la misma combinación de acciones que las anteriores, pero su función es distinta, pues aparecen en los contextos en que se deben transmitir mensajes desagradables o críticos. Manifiestan que la persona está obligada a hacerlo, pero que no lo disfruta. A pesar de la incomodidad que la crítica haya podido provocar, las sonrisas mitigadoras a menudo logran que el receptor también sonría.

Las sonrisas de resignación que Ekman llama *sonrisas de acatamiento*, complementarias de las anteriores, se acompañan con la elevación momentánea de las cejas, el encogimiento de los hombros, o un suspiro. Indican el reconocimiento de la autoridad del emisor, y la consecuente voluntad de aceptar su crítica u orden.

11. Sonrisas de alegría fingida[27]

En la vida cotidiana, los momentos de genuina alegría son relativamente escasos en comparación con aquellos en los que se experimenta el resto de las emociones. En las situaciones típicamente felices, como nacimientos, casamientos, entrega de premios y otras análogas es natural que las sonrisas de alegría genuina se produzcan con mayor frecuencia. Estas no solo expresan alegría, sino también un sano sentido de orgullo. Sin embargo, incluso en las situaciones mencionadas, las personas pueden sentirse obligadas a sonreír, aunque no se encuentren del todo bien o no se estén divirtiendo.

Las sonrisas de alegría fingida ocurren cuando sentimos que deberíamos estar experimentando emociones positivas, y en su ausencia, las simulamos. Cuando existe un fuerte mandato social sobre la correspondencia entre una situación y la experiencia de emociones positivas, intentamos mostrar que nos sentimos bien para cumplir con las expectativas.

En algunos programas de televisión los conductores-animadores deben actuar como si estuvieran todo el tiempo felices, y por eso suelen exagerar sus risas y sonrisas. Otro ejemplo típico está representado por las sonrisas forzadas de las modelos o celebridades, quienes deben actuar como si estuvieran felices incluso cuando no lo están. Otra situación análoga para que aparezca este tipo de sonrisas es un encuentro inoportuno con un familiar, amigo o conocido.

Las sonrisas de alegría fingida replican los rasgos de las sonrisas de alegría sentida; es decir, la elevación de las comisuras combinada con las patas de gallo, sin que puedan distinguirse señales de emociones negativas específicas. Sin

---

27 Esta categoría es llamada por Ekman "sonrisas inauténticas", pero me ha parecido que el término es demasiado laxo, y que semánticamente incluye otros tipos de sonrisas aparte de las de alegría fingida.

embargo, cuando se les pide a las personas que observen con detenimiento fotografías de este tipo de sonrisas, las expresiones son percibidas como forzadas.

F53. Las sonrisas fingidas, en algunas de sus variantes, muestran un estiramiento de los labios claramente horizontal, es decir, hacia los lados, como la que vemos en el rostro de la cantante norteamericana Whitney Houston. A diferencia de las de alegría genuina, las de alegría fingida podrán ser notoriamente asimétricas, pero incluso cuando esta asimetría es casi indistinguible a simple vista, la contracción irregular de los párpados hará que un ojo aparezca más cerrado que el otro. La percepción de este detalle puede ayudarnos a distinguir numerosas sonrisas inauténticas que antes podríamos haber interpretado como sentidas.

F53

F54. En las sonrisas fingidas, las patas de gallo suelen estar ausentes, pero en algunos casos pueden aparecer exageradamente marcadas. Sin embargo, la asimetría que delata que se trata de una expresión fingida se hará evidente. Esto se debe a que resulta difícil manejar de ma-

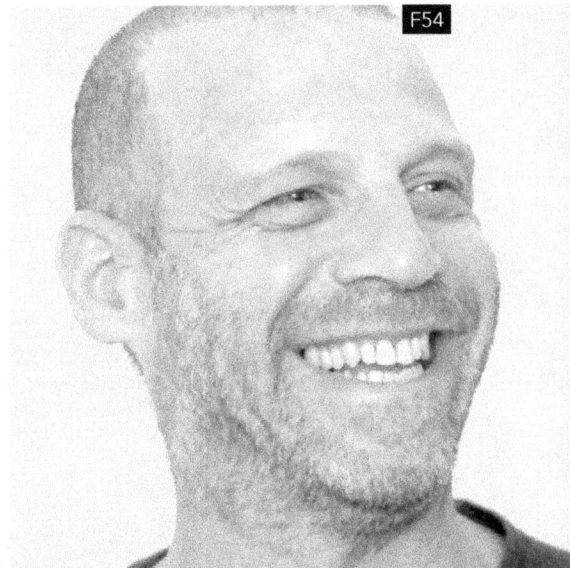

F54

nera precisa el movimiento muscular cuando la intención es falsificar la expresión espontánea.

Si tenemos la posibilidad de analizar una fotografía, podemos utilizar el recurso de observar por separado ambos lados del rostro. En el caso del ejemplo posado por el autor, el lado izquierdo parece sincero, mientras que la observación del lado derecho revela la impostación de manera más clara.

No obstante, las últimas investigaciones han confirmado que un algunas personas son capaces de imitar las sonrisas espontáneas de alegría sentida, de modo tal que quienes los observan creen que son la expresión de un genuino estado de alegría[28].

---

28 Investigaciones llevadas a cabo por el Departamento de Psicología de la Northeastern University, en Boston.
Sarah D. Gunnery, Judith A. Hall, Mollie A. Ruben (2012) "The Deliberate Duchenne Smile: Individual Differences in Expressive Control", Springer Science+Business Media, New York. http://nuweb9.neu.edu/socialinteractionlab/wp-content/uploads/gunnery.etal_.20121.pdf

CAPÍTULO 5
Sonrisas unilaterales

Las sonrisas unilaterales son aquellas en las que solo se eleva una de las comisuras de la boca. También ha sido necesario incluir dentro de este grupo a las sonrisas que si bien muestran la elevación de ambas comisuras, son tan fuertemente asimétricas que la unilateralidad resulta el rasgo dominante. Todas ellas tienen en común el hecho de que constituyen formas expresivas de manifestar sensaciones de superioridad, tanto las basadas en condiciones objetivas, como la posesión de cualidades y logros extraordinarios, como las que solo se sostienen a través del autoengaño de las fantasías narcisistas.

Desde una perspectiva morfológica, podemos establecer dos principales categorías de sonrisas unilaterales: aquellas en las que los labios permanecen en contacto, y las que muestran los labios separados. Las sonrisas unilaterales de labios en contacto se dividen a su vez en dos grandes grupos: las que presentan el marcador de desprecio, o sea, la presión ejercida en la comisura de la boca, y aquellas en las que este marcador está ausente. En las sonrisas unilaterales de labios separados, el marcador de desprecio no podría estar presente, pues la separación de los labios no permite ejercer presión sobre la comisura. En ambos grupos, el marcador ocular de la alegría, es decir, las patas de gallo, puede estar presente o ausente, y encontramos todos los grados de elevación de la comisura: leve, medio y alta.

En las sonrisas unilaterales, también podemos hallar la presencia de otros marcadores afectivos, como la posición oblicua de las cejas que expresa tristeza, la tensión en los párpados y los ojos muy abiertos, característicos del temor; los pliegues de la piel al costado y sobre el puente nasal típicos del asco; los labios vueltos hacia adentro y apretados que señalan ira; la elevación y el arqueamiento de una ceja como signo de sospecha, y diferentes posiciones de la cabeza y cualidades de la mirada que otorgan a este tipo de expresiones diferentes matices de significado.

1. Sonrisas de gozoso desprecio

La emoción de desprecio pertenece al grupo de las emociones básicas, junto a la alegría, la sorpresa, el temor, la tristeza, la ira y el asco. Como estas, es reconocida a través de expresiones faciales características, universales para el *homo sapiens.*

Las expresiones faciales de desprecio pueden ser bilaterales o unilaterales. Las bilaterales son producidas por el movimiento hacia los lados o el leve alzamiento de ambas comisuras de la boca, que es acompañado por la presión ejercida en ellas. Esta contracción produce pequeños pliegues y hoyuelos en la piel circundante. Las unilaterales implican la elevación y contracción de una sola comisura de la boca. Estas expresiones reciben en inglés el nombre de *contempt smiles (sonrisas de desprecio),* lo que resulta inadecuado, ya que en ellas la emoción de alegría o su simulación están ausentes. La fusión de la emoción de desprecio y su disfrute sí produce expresiones que deben ser categorizadas como sonrisas, a las que les corresponde el nombre de *sonrisas de gozoso desprecio.*

Puede establecerse una gradación que va de las expresiones de puro desprecio a las de gozoso desprecio, en la medida en que las sensaciones de disfrute aumentan su intensidad, y la elevación de la comisura y las patas de gallo se van haciendo más notorias. Las sonrisas de gozoso desprecio implican un placer patológico por la experiencia de esta emoción negativa, de manera similar a lo que ocurre con la gozosa ira.

En las sonrisas unilaterales de desprecio, la elevación y contracción de una de las comisuras de la boca produce una mayor contracción de la mejilla y del párpado inferior del lado correspondiente. También pueden observarse casos que incluyen el marcador de ira en los labios apretados y vueltos hacia adentro, y una mirada que expresa dureza e intenciones agresivas. Mis investigaciones muestran una fuerte tendencia a la presencia de rasgos narcisistas en las personas que manifiestan habitualmente este tipo de expresiones. Las sonrisas de gozoso desprecio han sido señaladas por los sujetos participantes en mis experimentos como una característica de la comunicación no verbal de las personas que ejercen la profesión política.

F55. En sus versiones gozosas, los rasgos bucales de la emoción de desprecio aparecen fusionados con los marcadores oculares de la alegría, que pueden consistir en la aparición de patas de gallo al costado de los ojos o, en su defecto, en el brillo ocular característico de las sensaciones risueñas. El alzamiento y la contracción unilateral de la comisura de la boca, en combinación con las diferentes posibilidades de orientación de la cabeza respecto del cuello, de la posición de las cejas, de la dirección de la mirada y del brillo ocular, configuran una tipología de expresiones que, a pesar de las diferencias entre sus distintas variantes, manifiestan un conjunto de fenómenos afectivos bien delimitado: el goce en el menosprecio y las actitudes arrogantes hacia los demás, debidas a sentimientos de superioridad. Este tipo de sonrisas eran frecuentemente expresadas por el personaje que Simon Cowell, a quien vemos en la fotografía, interpretaba como jurado del programa de televisión norteamericano *American Idol*.

F56. Aunque resulte difícil de distinguir a simple vista, si observamos con detenimiento esta fotografía del actor Matt Damon, podemos ver que su sonrisa de desprecio incluye los marcadores de otras emociones y estados cognitivos. En este caso, podemos percibir una marcada diferencia expresiva entre ambos lados del rostro. El lado derecho parece sonreír, y muestra la elevación de la ceja que constituye un marcador de sospecha y escepticismo, el lado izquierdo evidencia, además de desprecio, preocupación en la bajada horizontal de la ceja, y tristeza en la relajación y caída del párpado superior.

F56

2. Sonrisas de orgullo narcisista

Las sonrisas de orgullo narcisista pueden ser solo unilaterales, o mostrar la elevación de ambas comisuras de forma marcadamente asimétrica, con una de ellas claramente más elevada que la otra. Este tipo de sonrisas unilaterales presenta un gradiente que comienza con una elevación muy leve de la comisura y los labios en contacto, y llega hasta una elevación muy marcada, acompañada por la separación de los labios. Las sonrisas de orgullo narcisista pueden ser interpretadas como señal de extroversión y asertividad, pero en realidad manifiestan distanciamiento emocional, superioridad y egoísmo.

Las miradas que suelen acompañar este tipo de sonrisas dan la impresión de una gran autocomplacencia. Los párpados pueden presentarse tanto bien abiertos como entrecerrados. Cuando estos actos se realizan de manera tensa y los globos oculares se proyectan hacia afuera, la expresión generada representa resentimiento, y un estado cognitivo de planificación de intenciones vengativas. Cuando el movimiento de entrecerrar los párpados se produce de manera relajada, genera una mirada que expresa sensaciones de confianza narcisista en alcanzar el objetivo que se está maquinando, y pueden tener connotaciones sexuales. Por tratarse de una expresión narcisista, este tipo de mirada cosifica al sujeto de venganza o deseo.

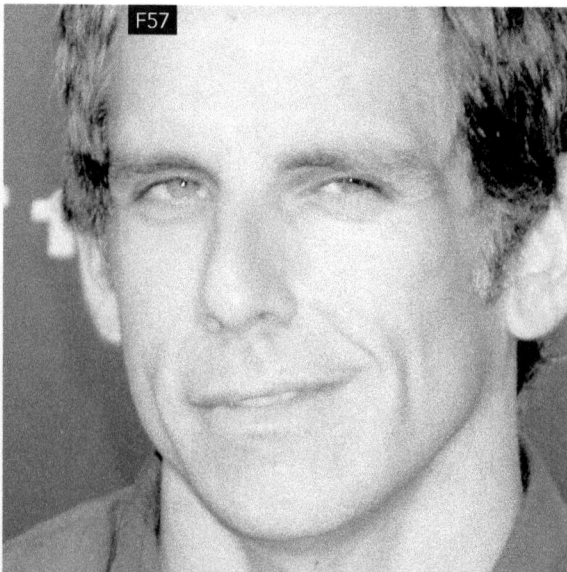

F57. Las actitudes arrogantes son expresadas por las sonrisas unilaterales con elevación media o fuerte de la comisura. Además de ser la expresión espontánea de orgullo narcisista, caracterizado por fuertes sensaciones de autosuficiencia y superioridad, este tipo de sonrisas son utilizadas por los hombres engreídos con fines de seducción, en conjunción con un tipo de mirada somnolienta, como la que vemos en esta fotografía del actor Ben Stiller, que transmite un matiz erótico, y por eso recibe el nombre de "mirada de alcoba".

F58. Al estar relacionadas con el orgullo narcisista, estas sonrisas son provocadas por la activación de representaciones mentales acerca del propio valor e importancia personal, particularmente en el sentido de: "¡Qué astuto que soy!". La actitud arrogante y jactanciosa da lugar a que los labios se separen y la comisura alcance su máximo grado de elevación. Nótese en esta imagen del actor Charlie Sheen la cualidad "dura" y "fría" de su mirada, con los globos oculares proyectados hacia afuera y el extremo externo de las cejas elevado, que junto al labio superior volcado hacia adentro constituyen señales de ira. La combinación de esta emoción con el matiz narcisista de la sonrisa unilateral denota el mismo tipo de disfrute perverso que habíamos señalado para las sonrisas bilaterales de gozosa ira, las que reciben el calificativo de sádicas.

F59. En el máximo nivel de intensidad del orgullo narcisista, pueden observarse los labios ampliamente separados y la fuerte presencia de patas de gallo, en forma más marcada del lado del rostro en el que se ha elevado la comisura. En mis investigaciones, las sonrisas unilaterales de labios separados resultaron asociadas con disvalores y rasgos negativos de la personalidad: el doble discurso, la intención manipuladora y la falta de interés genuino por los demás. Las sonrisas unilaterales de labios separados también han sido asociadas con un rasgo característico del narcisismo, que consiste en el esfuerzo por mantener una fachada "ganadora" ante los demás, aunque la persona que la emita no se sienta bien. Sin embargo, algunos participantes de mis experimentos opinaron que expresan sinceridad, que la persona trata de llamar la atención y de destacarse siendo fiel a sí misma, que es transparente. Esta contradicción en las interpretaciones está señalando la presencia de un elevado nivel de doble vínculo en la percepción colectiva sobre el valor del narcisismo. Para algunos representa un rasgo negativo y deleznable, mientras que otro sector de la población lo interpreta como un comportamiento positivo y digno de admiración.

F59

F60. Al comienzo de mis investigaciones, las sonrisas unilaterales aparecieron como un patrón típicamente masculino. Sin embargo, en los últimos años he comenzado a observar que cada vez más mujeres sonríen de manera fuertemente unilateral. El significado emocional de las sonrisas unilaterales femeninas parece no ser diferente del que tienen cuando el emisor es un hombre. Pero algunas variantes de sonrisas unilaterales femeninas, incluso las que incluyen el marcador de desprecio, pueden ser clasificadas como sonrisas de seducción. La actitud soberbia funciona como un desafío narcisista que ciertas mujeres, como Katerina Graham, emiten para provocar el ego de los hombres. Podría traducirse como: "¿Estás a mi altura? Me parece que no. ¿A ver...?".

F60

3. Sonrisas de gozosa hostilidad

Las sensaciones de rechazo pueden ser encubiertas con sonrisas bilaterales, con las que se pretende simular simpatía, pero cuando los rasgos de las emociones negativas de la ira y el disgusto aparecen en combinación con las sonrisas unilaterales, no se trata de encubrimiento, sino de potenciamiento y goce. Esto se debe a la actitud de superioridad y disfrute narcisista que es expresada por este tipo de sonrisas.

F61. Así como ocurre con otras especies, los seres humanos también nos expresamos a través de "gruñidos". Las *sonrisas de hostilidad* descubiertas por Charles Darwin, se caracterizan por el alzamiento del labio superior de modo tal que permite la exhibición de diente canino. Cuando esta exhibición se combina con una fuerte elevación unilateral de la comisura de la boca, la persona que sonríe de esta manera se está deleitando en sus impulsos agresivos. Se trata de una expresión vinculada con la ira, que suele realizarse junto con miradas que expresan distintos matices de la autosatisfacción y la arrogancia. Este tipo de expresión también puede incluir el marcador de sospecha/escepticismo en la elevación de una de las cejas.

En algunas variantes, el marcador de asco/disgusto puede volverse visible en las arrugas formadas por la contracción de la piel del puente de la nariz. Además de fuertes sensaciones de superioridad, este tipo de sonrisas implica un claro menosprecio del estímulo que las ha provocado. La presencia de estas arrugas señala la carga emocional negativa de la emoción de asco/disgusto, que refuerza el sentido amenazante de este tipo de expresiones ya que manifesta la elucubración de pensamientos de venganza.

F62. Otra variante de la categoría de sonrisas que estamos analizando incluye el estiramiento del labio inferior hacia el costado y hacia abajo, del lado de la cara en que se ha elevado la comisura, de modo tal que el canino de la hilera de dientes inferiores se hace más visible. Este acto constituye un gesto de disgusto y hostilidad, pues semeja la posición que adquiere la boca cuando se sienten náuseas, e implica por lo tanto fuertes sensaciones de rechazo. La forma natural de las cejas de José Luis Rodriguez Zapatero que replica características de la ira sumada a la cualidad acechante de su mirada agrega un matiz mucho más agresivo a la expresión.

F62

4. Sonrisas de encubrimiento narcisista de la tristeza y la angustia

Las sonrisas unilaterales están asociadas con un aspecto fundamental del carácter narcisista: el esfuerzo por mantener una fachada "ganadora", que oculta fuertes emociones negativas y sentimientos de inferioridad. Cuando las sonrisas unilaterales son utilizadas como una máscara encubridora de la tristeza o el temor, estamos en presencia de un mecanismo de regulación narcisista de estas emociones.

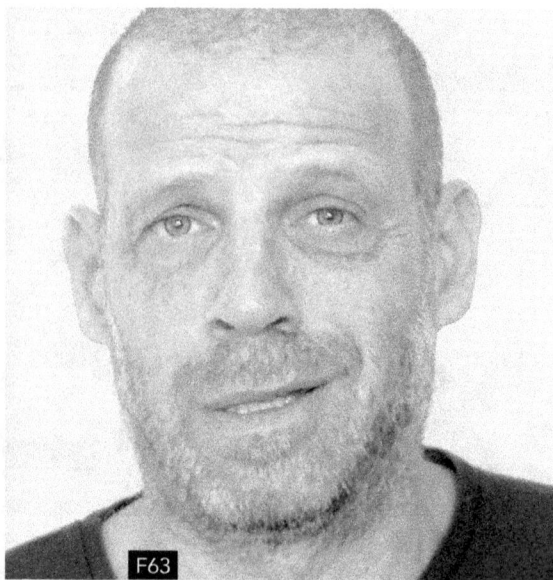

F63. En esta expresión puede observarse la fuerte presencia del marcador de tristeza representado por la posición oblicua de las cejas, con los extremos internos elevados, y la relajación y caída de los párpados. La mirada introvertida y apagada expresa sufrimiento psicológico o físico. La elevación de la comisura de la boca puede ser solo unilateral o mostrar una elevación bilateral extremadamente asimétrica. La simulación de bienestar incluye la posibilidad de que aparezcan marcadas patas de gallo, más notorias de un lado del rostro que del otro, debido a la asimetría de la expresión.

Las asociaciones emitidas por los participantes de mis experimentos son reveladoras de que la interpretación de esta expresión está signada por altos niveles de ambigüedad. Aunque el patrón predominante de percepción muestra la correcta interpretación de la tristeza como la principal emoción presente en la expresión, se produjeron tres tipos de respuestas antagónicas. Los que reaccionaron en forma empática ante la tristeza manifestada por el emisor, realizaron comentarios positivos acerca de su personalidad y sus intenciones, mientras que quienes se enfocaron en la intención encubridora, asociaron la expresión con rasgos de la personalidad y valores negativos.

En el primer caso, se registraron comentarios como: "parece que está sonriendo, pero está más entristecido que otra cosa", "se siente mal, está triste", "sonrisa triste, melancólica", "expresa desconsuelo", "pícaro y triste", "cansado, sufrido, trata de transmitir un sentimiento genuino", "es sincero respecto de lo que siente, no disimula", "cara de bueno", "ingenuidad, bondad", "simpatía, apertura".

En el segundo caso, otros participantes interpretaron la expresión de manera contraria: "no es confiable", "está en problemas y quiere zafar de algún modo", "no es una sonrisa sincera porque por dentro tiene una tormenta emocional". Esta expresión es un ejemplo de regulación narcisista de la tristeza, que implica enmascararla con una sonrisa que denote superioridad.

Como tercera posibilidad, la estrategia de encubrimiento ha resultado eficaz respecto de algunos de los participantes de mis experimentos que hicieron caso omiso de la tristeza manifestada y declararon que los sujetos que sonreían de la manera que estamos analizando se sentían bien y proyectaban una imagen asertiva.

F64

F64. Cuando se teme por los resultados de los acontecimientos futuros y se presiente que implicarán una pérdida, la combinación de tristeza y temor hace que las cejas adopten una forma ondulada, y que se produzcan profundas arrugas en la frente. En el caso de esta fotografía, la angustia resultante de la fusión emocional de tristeza y temor es regulada en forma narcisista, ya que el sujeto intenta encubrir los rasgos descriptos para las cejas y la frente con una sonrisa unilateral que actúa como máscara de bienestar y superioridad.

CAPÍTULO 6
Conclusiones

La CNV de la soberbia

Diferencias en la expresión no verbal de los distintos tipos de alegría y orgullo

Entre las cuestiones fundamentales que aún quedan por resolver en el estudio de las sonrisas está el problema que implica la terminología elegida para clasificarlas.

De acuerdo con el estado del conocimiento en idioma inglés, los términos *happiness* y *enjoyment* se utilizan para designar las emociones expresadas por las llamadas "sonrisas de Duchenne", que, como hemos visto, son aquellas que combinan la elevación simétrica de las comisuras con la manifestación de patas de gallo al costado de los ojos, y son las únicas consideradas como la expresión genuina de estos estados. *Happiness* significa tanto felicidad como alegría, y *enjoyment* puede traducirse por gozo o disfrute.

Pero estos términos presentan un problema clasificatorio cuando se toma en consideración la experiencia que da origen a estas emociones. La alegría que una persona perversa siente por haber cometido un acto cruel es una emoción enteramente diferente de la dicha que se experimenta en la realización de actos altruistas. ¿Será posible, entonces, que las sensaciones de placer relacionadas con la bondad y las producidas por la perversidad puedan compartir las mismas señales faciales de alegría/felicidad?

Por otro lado, así como cualquier evento placentero tiene la capacidad de desencadenar alegría, toda situación exitosa desencadena la emoción de orgullo. En este caso, también resulta importante distinguir si esos eventos están relacionados con fines altruistas o egoístas. Un individuo puede sentirse orgulloso tanto si sus éxitos se refieren al resultado de su esfuerzo por mejorarse a sí mismo o ayudar a otros, como si están basados en su capacidad para engañar y perjudicar a los demás. Por lo tanto, el orgullo puede estar vinculado con la superación personal y el altruismo, o con el comportamiento manipulador y sociopático.

Podemos preguntarnos si verdaderamente se trata de la misma emoción en ambos casos, y si tienen expresiones no verbales que los distingan. El estado del conocimiento plantea que las sonrisas de alegría sentida –las sonrisas de Duchenne–, también cumplen la función de expresar la emoción de orgullo, pero nada dice acerca de la distinción expresiva entre el orgullo altruista y el egoísta.

Estoy convencido de que algo tan importante como las diferencias entre tipos de alegría y orgullo implican diferencias de expresión y ofrecen indicadores no verbales distintivos. De acuerdo con mis investigaciones, cierta cualidad de la mirada puede confirmar la orientación empática de las sonrisas de alegría y orgullo altruista, o delatar la orientación egoísta del goce y orgullo narcisistas. Sobre la base de mis inferencias observacionales, sostengo que el "brillo" de los ojos es completamente distinto en cada caso.

La evolución humana no ha sido ciega respecto al valor del altruismo, por el contrario, este constituye un elemento central en el desarrollo cultural de la inteligencia social de la especie humana. Como hemos visto, su señalamiento simbólico es canalizado a través de la emisión de sonrisas afiliativas, que reproducen los rasgos de las sonrisas de alegría sentida a través de un mecanismo de desencadenamiento ritualizado, con el fin de transmitir mensajes empáticos y apaciguadores. Estas sonrisas no solo están caracterizadas por la elevación simétrica de las comisuras y la manifestación de patas de gallo, aunque de manera atenuada comparadas con las sonrisas de alegría de alta intensidad, sino también por incluir una mirada serena, en la que los ojos brillan de manera "suave". En cambio, en las sonrisas de alegría egoísta y orgullo narcisista, la elevación de las comisuras es asimétrica –sonrisas unilaterales–, y los ojos adquieren un brillo "duro", como el de un predador al acecho de su presa.

Por otro lado, las sonrisas unilaterales que en las que se presiona sobre la comisura que se eleva expresan la emoción de desprecio. Algunas personas demuestran desprecio como manifestación del repudio que sienten por los actos de injusticia, discriminación, corrupción o crueldad. Lamentablemente, el aspecto negativo del desprecio, que implica sensaciones de superioridad utilizadas para justificar los prejuicios y la agresión, es el predominante.

Las sonrisas unilaterales se manifiestan en numerosos contextos de la vida cotidiana. El escrutinio de productos culturales gráficos y audiovisuales, como diarios, revistas, catálogos, *spots* publicitarios y películas, hace evidente la ubicuidad de este tipo de sonrisas. No solo aparecen con frecuencia, sino que se observan en personas de las más diversas nacionalidades. Mis hallazgos me permiten proponer que las sonrisas unilaterales son universales y que forman parte de la expresión no verbal de la soberbia y otros aspectos de la personalidad narcisista.

El *Manual estadístico de diagnóstico* de la Asociación de Psiquiatría Estadounidense (DSM por sus siglas en inglés) describe el trastorno narcisista de la personalidad como "patrón dominante de gran necesidad de admiración (en fantasía o comportamiento), y de falta de empatía". Este patrón puede diagnosticarse cuando se cumplen cinco de los siguientes nueve criterios: "1) sentido ostentoso de importancia personal; 2) interés en fantasías de éxito ilimitado, poder, brillantez, belleza o amor ideal; 3) creencia de ser especial y único; 4) necesidad de admiración excesiva; 5) sentido de derecho propio (me merezco lo mejor); 6) explotación interpersonal, tomar ventaja de los otros para alcanzar sus propias metas; 7) falta de empatía; 8) envidia frecuente o creencia de que los demás están envidiosos de él, 9) comportamientos o actitudes arrogantes".

Los resultados de mis experimentos sobre el significado de las sonrisas unilaterales son congruentes con estos criterios. Los rasgos de superioridad y jactancia, típicos del carácter narcisista, fueron especialmente remarcados por los participantes. En sus propias palabras, las sonrisas unilaterales manifiestan que la persona "siente que es un 'ganador', siente que es el mejor", "siente vanidad y arrogancia", "tiene una intención de acaparamiento, de adueñarse del mundo", "es sobrador, como si dijera: 'mirá dónde estoy yo y mirá dónde estás vos'", "expresa superioridad, en el sentido de: 'qué inteligente que soy, yo ya la conozco, no me la vas a venir a contar a mí'".

Por otro lado, el esfuerzo por ofrecer a los demás una imagen de bienestar, asertividad y éxito, como máscara de los sentimientos de inferioridad, es un comportamiento típico de la personalidad narcisista, y también ha sido remarcado por los sujetos de mis experimentos, como parte del significado de las sonrisas unilaterales: "no es un gesto feliz, no es una verdadera sonrisa", "quiere aparentar que no la está pasando mal, pero sí la está pasando mal", "busca mostrar algo que no es", "desea que lo vean de una determinada manera", "está en pose", "quiere demostrar simpatía pero no es creíble", "esconde algo", "simula satisfacción", "expresa confianza en sí mismo, pero en el fondo se siente inferior".

Finalmente, la asociación de las sonrisas unilaterales con las actitudes y valores negativos del comportamiento narcisista también resultó fuertemente enfatizada. Los participantes de mis experimentos declararon que quienes sonríen en forma unilateral expresan que "no le importan los demás", "quieren manipular y lo disfrutan", "intentan convencerte de que confíes en ellos para después estafarte", "son prepotentes, egoístas, falsos, perversos, burlones, tránsfugas", "sienten que pueden obtener algo a costa de otros", "te 'venden' una cosa, pero su acción es otra", "saben que la gente 'compra' su engaño, que le creen su sonrisa, y eso les da seguridad".

Cuando el comportamiento no verbal de una persona está signado por la presencia de un patrón de sonrisas de alegría egoísta, orgullo narcisista y gozoso desprecio, podemos afirmar que la soberbia es uno de los rasgos de su personalidad. Cuando la presencia de este tipo de actos no verbales constituye un patrón de comportamiento colectivo en la población de un país, puede plantearse que forma parte de los rasgos del carácter nacional, y que es el resultado de vínculos sociales caracterizados por el antagonismo individualista. Las sonrisas unilaterales constituyen comportamientos agresivos y disgregadores que resultan negativos para el desarrollo del sentido de pertenencia y el sentimiento de comunidad.

La CNV puede ser una herramienta útil para educar la afectividad y facilitar el desarrollo de la inteligencia emocional. Este enfoque tiene sus orígenes en el pensamiento de William James (1842-1910), considerado el padre de la psicología en Estados Unidos.

En concordancia con las ideas de Darwin, y con el estado actual del conocimiento en CNV, James sostenía que el sistema nervioso de todos los seres vivientes representa un conjunto heredado de predisposiciones para reaccionar de maneras determinadas ante estímulos ambientales específicos. En este marco, las emociones son las manifestaciones corporales desencadenadas por los cambios fisiológicos que estos estímulos provocan. Sobre la base de estos principios, James propuso la consonancia entre emociones, cambios fisiológicos y expresiones corporales determinadas por la herencia biológica.

James consideraba que los pensamientos que normalmente asociamos a las emociones no son la causa de estas, sino su consecuencia. Por ejemplo, ante la participación del sujeto en un evento capaz de desencadenar tristeza, se produce una reacción física involuntaria en la que participa el sistema nervioso autónomo, responsable de las funciones fisiológicas que le provocarán el llanto. Solo luego se producen los procesos cognitivos de reconocimiento y evaluación de la situación como angustiosa.

Una idea muy provocativa que surge de esta perspectiva es que si las emociones son idénticas a los cambios corporales que se producen cuando estas se desencadenan, entonces la actuación deliberada de aquellos cambios que pueden ser reproducidos voluntariamente, tales como las expresiones faciales, los gestos, las posturas y los patrones respiratorios, tendrían el poder de inducir la experiencia de las emociones representadas.

Con gran acierto, James observó que la replicación experta de los actos no verbales que son la expresión espontánea de las emociones tiene el poder de evocar las sensaciones subjetivas que les son propias. James propuso que, si queremos liberarnos de nuestras tendencias emocionales negativas, debemos practicar, de la manera más asidua posible y con total determinación, los movimientos corporales y las expresiones faciales correspondientes a las emociones positivas que deseamos cultivar.

James nos ofrece un método de autoeducación de la emotividad que podría aplicarse como estrategia con el fin de transformar comportamientos indeseados, no solo a escala individual, sino también colectiva. Por lo tanto, si quisiéramos desarrollar nuestra capacidad para la empatía, el estudio y la práctica de la CNV correspondiente a esta actitud sería un camino propicio. Del mismo modo, si lo que necesitamos es mejorar nuestra asertividad, el estudio y la práctica de los gestos y las posturas que la expresan espontáneamente nos ayudarán a manifestarnos con más confianza y firmeza.

En el caso que estamos tratando, la estrategia fundamental consistiría en tomar conciencia del significado y los efectos de las sonrisas de goce egoísta, orgullo narcisista y gozoso desprecio, es decir, de la CNV de la soberbia, y practicar su reemplazo por expresiones más empáticas, tales como las sonrisas de reciprocidad afiliativa. La capacidad de sonreír es una aptitud innata, pero su valor como señal social la convierte en una herramienta con amplias consecuencias para la vida afectiva de los individuos y los vínculos interpersonales en una sociedad.

EPÍLOGO

Desde hace varios años he venido experimentando la recomendación de William James, y he conseguido, por lo menos en cierta medida, reducir la frecuencia con la que expreso sonrisas altaneras. Paralelamente, he logrado incrementar la emisión de sonrisas relacionadas con las actitudes empáticas. Los resultados han sido y continúan siendo muy interesantes y alentadores.

En los últimos meses, estimulado por la dirección que ha tomado el trabajo del doctor Paul Ekman, quien desde hace una década ha comenzado a colaborar con el Dalai Lama en el desarrollo de estrategias de inteligencia emocional, que combinen en forma equilibrada el conocimiento tradicional tibetano con los descubrimientos de la ciencia occidental[29], se me ocurrió poner a prueba un experimento asociado a la práctica de la meditación. Sentado en un ambiente tran-

---

29 Ekman, Paul: *Emotional Awareness, Overcoming the Obstacles to Psychological Balance and Compassion.* Henry Holt and Company, Nueva York, 2008.

quilo y respirando en forma acompasada, me concentro en tomar conciencia de la posición de mis músculos faciales. Así he podido darme cuenta de que frente a un espejo mi rostro mostraría la presencia de emociones negativas, como la ira y el disgusto. Gracias al conocimiento del movimiento de los músculos faciales que participan en las expresiones de alegría sentida, la empatía y la asertividad pude concentrarme en intentar su reproducción voluntaria. Al cabo de un tiempo de práctica, empecé a notar ciertos patrones emergentes. Los días en los que durante mis meditaciones lograba sostener por más tiempo una amable y pacífica sonrisa, me sentía luego de mucho mejor humor y terminaba realizando más tareas de las que me había propuesto.

¿Es posible, entonces, incrementar nuestra capacidad para experimentar alegría, empatía y asertividad sin que estos estados estén fundados en eventos específicos, sino en la práctica de su expresión? ¿Se puede estimular la alegría para transformarla en actitud, e incluso en estado de ánimo o característica de nuestra personalidad? Yo creo que sí.

BIBLIOGRAFÍA

Adler, Alfred: *El sentido de la vida.* Espasa-Calpe, Madrid, 1933/1975.

Alten, Kristin: Subdiscipline: Psychological Anthropology, 1998. [www.indiana.edu/~wanthro/theory_pages/Psychological. htm (junio 2006)].

Axtell, Roger: Gestures: *The do's and taboos of body language around the world.* John Wiley & Sons, Nueva York, 1991/1998.

Bateson, Gregory: *Espíritu y naturaleza.* Amorrortu, Buenos Aires, 1979/1981.

—————: *Pasos hacia una ecología de la mente.* Planeta, Buenos Aires, 1972/1991.

Bavelas, Janet y Chovil, Nicole: "Gestures Especialized for Dialogue", *Personality and Social Psychology Bulletin,* Vol. 21, N° 4, abril, 1995.

Birdwhistell, Ray: *El lenguaje de la expresión corporal.* Gustavo Gili, Barcelona, 1970/1979.

Brouisac, Paul: "Descrevendo gestos: limites, escalas e perspectivas", en: *Revista deSignis*, N° 3. Gedisa, Barcelona, 2002.

Brown, William; Palameta, Boris y Moore, Chris: "Are there Nonverbal Cues to Commitment? An Exploratory Study Using Zero-acquaintance Video Presentation Paradigm", en: *Evolutionary Psychology*, N° 1, marzo, 2003. [www.epjournal.net/filestore/ep014269.pdf junio 2007]

Burrow, Jason; Hannon, Roseann y Hall, David: "College students' perceptions of women's verbal and nonverbal consent for sexual intercourse", en: *Electronic Journal of Human Sexuality*, Vol. 1, septiembre, 1998. [www.ejhs.org/volume1/burrow/burrow.htm (marzo 2005)]

Chapplin, William; Phillips, Jeffrey y Brown, Jonathan: "Handshaking, Gender, Personality and First Impressions", *Journal of Personality and Social Psychology*, American Psychological Association, Vol. 19, N° 4, 1996 (julio 2000). [www.apa.org/journals/psp/psp791110.html (junio 2004)]

Colvin, Randall; Block, Jack y Finder, David: "Overly Positive Self-evaluations and Personality: Negative Implications for Mental Health", *Journal of Personality and Social Psychology*, Vol. 68, N° 6, 1995. [psych.utoronto. ca/ (junio 2007)]

Cosnier, Jacques: "¿Hay gestos específicamente humanos?". Entrevista a cargo de Lucrecia Escudero Chauvel, *Revista deSignis* N° 3, Gedisa, Barcelona, 2002.

Darwin, Charles: *The Expression of the Emotions in Man and Animals*, 1872. Versión electrónica de la edición de Appleton and Co., Nueva York. [paradigm.soci.brocku.ca/-lward/Darwin/darwin_1872_00. html (marzo 2003)]

Davis, Flora: *El lenguaje de los gestos*. Emecé, Buenos Aires, 1971/1975.

Efron, David: *Gesto, raza y cultura*. Ediciones Nueva Visión, Buenos Aires, 1942/1970.

Ekman, Paul: "Universals and Cultural Differences in Facial Expressions of Emotion", en: *Nebraska Simposium of Motivation*, Vol. 19, 1972. University of Nebraska Press, Lincoln.

——————: *Cómo detectar mentiras*. Altaya, Barcelona, 1985/1995.

——————: "Facial Expression and Emotion", *American Psychologist*, Vol. 48, N° 4, abril, 1993.

——————: "Strong Evidence for Universals in Facial Expressions: A Reply to Russell's Mistaken Critique", *Psychological Bulletin*, 115 (2), 1994.

——————: "Why We don't Catch Liars?", *Social Research*, Vol. 63, Fall, N° 3, 1996. [www.paulekman. com/pdfs (marzo 2003)]

——————: "Should we Call it Expression or Communication?", en: *Innovations in Social Science Research*, Vol. 10, N° 4, 1997a. [www.paulekman.com/ pdfs/ (marzo 2003)]

——————: "Lying and Deception", en: *Memory for Everyday and Emotional Events*, Lawrence Erlbaum Associates Publishers, Nueva Jersey, 1997b. [www. paulekman.com/pdfs (marzo 2003)]

——————: "Basic Emotions", en Dalgleish, T. y Power, M. (eds.), *Handbook of Cognition and Emotion*, John Wiley & Sons Ltd., Sussex, UK, 1999a. [www. paulekman.com/pdfs (marzo 2003)]

——————: "Facial Expressions", en: Dalgleish, T. y Power, M., *Handbook of Cognition and Emotion*.

John Wiley & Sons Ltd., Sussex, UK, 1999b. [www. paulekman.com/pdfs (marzo 2003)]

—————: *Emotions Revealed: Recognizing Faces and Feelings to Improve Communication and Emotional Life.* Owl Books, Nueva York, 2003a/2007.

—————: METT / SETT CD - Micro Expressions and Subtle Expressions Training Tool. Paul Ekman Group, Oakland, CA, 2003b.

—————: *Emotional Awareness, Overcoming the Obstacles to Psychological Balance and Compassion.* Henry Holt and Company, Nueva York, 2008.

————— y Friesen, Wallace: "Origen, uso y codificación: bases para cinco categorías de conducta no verbal", en: Eliseo Verón (ed.), *Lenguaje y comunicación social*, Nueva Visión, Buenos Aires, 1969. (Compilación de los trabajos presentados por distintos autores en el Simposio "Teoría de la comunicación y modelos lingüísticos en ciencias sociales", realizado en el Instituto Torcuato Di Tella de Buenos Aires del 23 al 25 de octubre de 1967.)

—————————————: "Felt, False, and Miserable Smiles", *Journal of Nonverbal Behaviour*, N° 6, 1982.

—————————————: "A New Pan-cultural Facial Expression of Emotion", *Motivation and Emotion*, Vol. 10, N° 2, 1986.

—————————————; O'Sullivan, M.; Chan, A.; Diacoyanni- Tarlatzis, I.; Heider, K.; Krause, R.; LeCompte, W. A.; Pitcairn, T.; Ricci-Bitti, P. E.; Scherer, K.; Tomita, M. y Tzavaras, A.: "Universals and Cultural Differences in the Judgments of Facial Expressions of Emotion", *Journal of Personality and Social Psychology*, Vol. 53, N° 4, 1987.

—————; Levenson. R. y Friesen, W.: "Autonomic

Nervous System Activity Distinguishes Between Emotions", *Science*, N° 221, 1983.

——————— y Heider, K. G.: "The Universality of a Contempt Expression: A Replication", *Motivation and Emotion*, Vol. 12, N° 3, 1988.

———————; O'Sullivan, M. y Matsumoto, D.: "Contradictions in the Study on Contempt: What's it All About? Reply to Russell", *Motivation and Emotion*, Vol. 15, N° 4, 1991.

——————— y Rosenberg, Erika: *What the Face Reveals: Basic an Applied Studies of Spontaneus Expression using the FACS.* Oxford University Press Inc., Nueva York, 1997.

Elfenbein, Hillary; Der Foo, Maw; White, Judith; Tan, Hwe Hoo y Aik, Voon Chuan: "Reading your Counterpart: The Benefit of Emotion Recognition Accuracy for Effectiveness in Negotiation", *Journal of Nonverbal Communication*, Vol. 31, N° 4, diciembre, 1997.

Finol, José Enrique: "Cuerpo y rito: la estructura del gesto en ceremonias públicas", *Revista deSignis* N° 3, Gedisa, Barcelona, 2002.

Geertz, Clifford: *La interpretación de las culturas.* Gedisa, Buenos Aires, 1983/1995.

Ginzburg, Carlo: "Morelli, Freud y Sherlock Holmes: indicio y método científico", en: Eco, Umberto y Sebeok, Thomas A., *El signo de los tres: Dupin, Holmes, Peirce.* Lumen, Barcelona, 1989.

Goffman, Erving: *La presentación de la persona en la vida cotidiana.* Amorrortu, Buenos Aires, 1959/2001.

——————: "El orden de la interacción", en: *Los momentos y sus hombres.* Paidós, Barcelona, 1983/1991.

Gosling, Samuel y Ko, Sei Jin: "A Room With a Cue:

Personality Judgements Based on Offices and Bedrooms", *Journal of Personality and Social Psychology*, Vol. 82, N° 3, 2002.

Hall, Edward T.: *El lenguaje silencioso*. Alianza, Madrid, 1959/1989.

——————: *La dimensión oculta*. Siglo XXI, México, 1966/1972.

——————: *Beyond culture*. Anchor Books, Nueva York, 1976/1989.

Harker, Lee Anne y Keltner, Dacher: "Expressions of Positive Emotion in Women's College Yearbook Pictures and their Relationship to Personality and Life Outcomes Across Adulthood", *Journal of Personality and Social Psychology*, Vol. 80, N° 1, 2001.

Hess, Ursula; Blairy, S. y Kleck, R.: "The Influence of Facial Emotion Displays, Gender and Ethnicity on Judgements of Dominance and Affiliation", *Journal of Nonverbal Behavior*, Vol. 24, N° 4, Winter, 2000a.

——————; Kirouac, G.; Herrera, P.; Philippot, P. y Kleck, R.: "Emotional Expressivity in Men and Women: Stereotypes and Self-perceptions", *Cognition and Emotion*, Vol. 14, N° 5, 2000b.

——————; Beaupré, Martin y Cheung, Nicole: "Who to Whom and Why – Cultural Differences and Similarities in the Function of Smiles. NVC Lab. University of Quebec at Montreal", en: Millicient, Abel (ed.), *The smile: Forms, Functions and Consequences*. The Edwin Mellen Press, Nueva York, 2002.

Heyman, S.: "The Influence of Cultural Individualism - Collectivism, Self Construals, and Individual Values on Communication Styles Across Cultures", *Human Communication Research*, Vol. 22, N° 4, 1996.

Hockett, Charles F.: *Curso de lingüística moderna*. Eudeba,

Buenos Aires, 1960/1962.

Inkeles, Alex: National Character: *A Psycho-social Perspective*. Transaction Publishers, Nueva Jersey, 1997.

James, William: "What is an Emotion?", 1884, en *Classics in the History of Psychology*, an Internet Resource Developed, Mind, 9, Christopher D. Green, York University, Toronto, Ontario. [psychclassics.yorku.ca/James/emotion.htm (junio 2001)]

Jensen, Robert: "Diagnosticando el 'carácter nacional' usamericano: trastorno narcisista de la personalidad". Traducción: Ulises Juárez Polanco. Alternative Press Review, 18 de abril 2006. [www.altpr.org (marzo 2007)]

Kitayama, S.; Markus, H. R. y Matsumoto, D.: "Culture, Self, and Emotion: A Cultural Perspective on 'Self-conscious' Emotions", en: Tangney, J. P. y Fischer, K. W. (eds.), Self-conscious Emotions: The Psychology of Shame, Guilt, Embarrassment, and Pride, Guilford Press, Nueva York, 1995. [www.davidmatsumoto.info/pub_article.htm (junio 2006)]

Knapp, Mark: *La comunicación no-verbal: El cuerpo y el entorno*. Paidós, México, 1980/1997.

—————: "Nonverbal Communication: Basic Perspectives", en: *Bridges not walls*, John Steward (ed.). Random House, Nueva York, 1986.

Kra, Pauline: "The Concept of National Character in 18th Century France", en: *Cromohs*, N° 7, 2002. [www.cromohs. unifi.it/7_2002/kra.html (marzo 2007)]

Levine, Sara Pollak y Feldman, Robert: "Women and Men's Nonverbal Behavior and Self-monitoring in a Job Interview Setting", *Applied Human Resources Management Research*, Vol. 7, N° 1, 2002. [applyhrm. asp.radford.edu/2002/MS%20_7_1%20Levine. pdf (marzo 2007)]

Lewis, David: *El lenguaje secreto del niño*. Martínez Roca, Barcelona, 1978/1980.

Linton, Ralph: *Cultura y personalidad*. Breviarios, Fondo de Cultura Económica, México, 1945/1981.

López Quintas, Alfonso: *A Methodological Introduction to the Study of Values, Cultural Heritage and Contemporary Life*. Series I, Volume I, Council for the Philosophical Research of Values, 1989. [www.crup.org/book/seriesol/I-2/contents.htm (noviembre 2005)]

Lorenz, Konrad: *La otra cara del espejo*. Plaza & Janés, Barcelona, 1973/1985.

Magli, Patricia: "Para una semiótica del lenguaje gestual", *Revista deSignis*, N° 3, 2002.

Matsumoto, David: "Cultural Influences on the Perception of Emotion", *Journal of Cross-Cultural Psychology*, Vol. 20, N° 1, 1989. [www.davidmatsumoto.info/pub_article.htm (junio 2006)]

——————: "Cultural Similarities and Differences in Display Rules", *Motivation and Emotion*, Vol. 14, N° 3, 1990. [www.davidmatsumoto.info/pub_article.htm (junio 2006)]

——————: "American and Japanese Cultural Differences in the Recognition of Universal Facial Expressions", *Journal of Cross-Cultural Psychology*, Vol. 23, N° 1, 1992a. [www.davidmatsumoto.info/pub_article.htm (junio 2006)]

——————: "More Evidence for the Universality of a Contempt Expression", *Motivation and Emotion*, Vol. 16, N° 4, 1992b. [www.davidmatsumoto.info/pub_article.htm (junio 2006)]

——————: "Ethnic Differences in Affect Intensity, Emotion Judgments, Display Rule Attitudes, and Self-reported Emotional Expression in an American

Sample", *Motivation and Emotion*, Vol. 17, N° 2, 1993. [www.davidmatsumoto.info/pub_article.htm (junio 2006)]

——————: "Culture and Self: An Empirical Assessment of Markus and Kitayama's Theory of Independent and Interdependent Self-construals, and Some Speculations About New Directions", *Asian Journal of Social Psychology*, Vol. 1, N° 2, 1999. [www. davidmatsumoto.info/pub_ article.htm (junio 2006)]

——————: "Cross-Cultural Psychology in the 21st Century", en: Halonen, Jane S. & Davis, Stephen F. (eds.), *The Many Faces of Psychological Research in the 21st Century*, Chapter 5, Society for the Teaching of Psychology, 2001. [teachpsych.lemoyne.edu/ teachpsych/faces/text/ch05. htm (junio 2006)]

—————— y Ekman, Paul: "American-Japanese Differences in Intensity Ratings of Facial Expressions of Emotion", *Motivation and Emotion*, Vol. 13, N° 2, 1989.

—————— y Ekman, Paul: "The Relationship Among Expressions, Labels, and Descriptions of Contempt", *Journal of Personality and Social Psychology*, Vol. 87, N° 4, 2004. [www.davidmatsumoto.info/pub_article.htm (junio 2006)]

—————— y Dinnel, Dale: "Do Between-culture Differences Really Mean that People are Different?", *Journal of Cross-cultural Psychology*, Vol. 32, N° 4, julio, 2001. [www.davidmatsumoto.info/pub_article.htm (junio 2006)]

—————— ; Kasri, F. y Kooken, K.: "American- Japanese Cultural Differences in Judgements of Expression Intensity and Subjective Experience", *Cognition and Emotion*, N° 13, 1999. [www.davidmatsumoto.info/ pub_article.htm (junio 2006)]

Mehrabian, A.: *Tactics of social influence*. Prentice-Hall, Englewood Cliffs, New Jersey, 1970.

Mc Entee, Eileen: *Comunicación intercultural: bases para la comunicación efectiva en el mundo actual*. McGraw-Hill/Interamericana, México, 1998.

Morris, Desmond: *El hombre al desnudo: un estudio objetivo del comportamiento humano*. Círculo de Lectores, Barcelona, 1977/1980.

——————: *El mono desnudo*. Plaza & Janés, Barcelona, 1967/1977.

——————; Collet, Peter; Marsh, Peter y O'Shaughnessy, Marie: *Gestures: Their Origins and Eistribution*. Triad/Granada, Londres, 1981/1982.

Mulvaney, Becky: "Gender Differences in Communication: An Intercultural Experience" en: *Intercultural Communication,* A Global Reader, Part III, Identities, Capítulo 2, Fred E. Jandt (ed.), SAGE Publications, San Bernardino, 2004.

[www.cpsr.org/cprs/ gender/mulvaney.txt (noviembre 2006)]

Neiburg, Federico y Goldman, Mauricio: "Teoría, política y ética en los estudios antropológicos del carácter nacional", *Alteridades,* año 11, N° 22, 2001.

Pease, Alan: *El lenguaje del cuerpo*. Planeta, Buenos Aires, 1986.

Pacori, Marco: *La interpretación de los mensajes corporales*. De Vecchi, Barcelona, 1999.

Poyatos, Fernando: "Categorías, formas, funciones y factores condicionantes de la comunicación corporal total", en: Juan Antonio Bolfill (ed.), *Epistemología de la comunicación*. Fernando Torres Editor, Valencia, 1976.

——————: *New Perspectives in Nonverbal*

Communications: Studies in Cultural Anthropology, Social Psychology, Literature, Linguistics and Semiotics. Pergamon Press, Oxford, 1983.

Ricci Bitti, Pio E. y Cortesi, Santa: *Comportamiento no verbal y comunicación.* Gustavo Gili, Barcelona, 1977/1980.

Robins, Richard y Paulthus, Delroy: "The Character of Self-enhancers: Implications for Organizations", en Hogan, R. T. y Roberts, B. W. (eds.). *Personality Psychology in the Workplace.* American Psychology Association, Washington DC, 2001. [psyweb2.ucdavis. edu/labs/robins/lab/ enhancers.pdf (junio 2007)]

Rosenberg, E. L. y Ekman, P.: "Coherence Between Expressive and Experiential Systems in Emotion", *Cognition and Emotion,* Vol. 8, N° 3, 1994.

——————————————: "Conceptual and Methodological Issues in the Judgement of Facial Expressions of Emotion", *Motivation and Emotion,* N° 19, 1995.

Schmid Mast, Marianne; Hall, Judith; Murphy, Nora y Colvin, Randall: "Judging Assertiveness", Facta Universitatis Series: *Philosophy, Sociology and Psychology,* Vol. 2, N° 10, 2003. [facta.junis.ni.ac.yu/pas/pas2003/ pas2003-03.html (marzo 2004)]

Schmidt, Karen y Cohn, Jeffrey: "Human Facial Expressions as Adaptations: Evolutionary Questions in Facial Expression Research", *Yearbook of Physical Anthropology,* N° 44, 2001. [www.pitt.edu/~kschmidt/ schmidtcohn01.pdf (marzo 2006)]

Singelis, T. M.; Triandis, H. C.; Bhawuk, D. S. y Gelfand, M.: "Horizontal and Vertical Dimensions of Individualism and Collectivism: A Theoretical and Measurement Refinement", *Cross-Cultural Research,* N° 29, 1995.

Tada, Michitaro: *Gestualidad japonesa*. Adriana Hidalgo, Buenos Aires, 2006.

Tapus, Adriana y Matarié, Maja: *Emulating Empathy in Socially Assistive Robotics*. Interaction Lab, University of Southern California, 2006. [http://cres.usc.edu/pubdb_html/files_upload/533.pdf]

Tracy, Jessica y Robins, Richard: "Does Pride Have a Recognizable Expression?", en: Ekman, P.; Campos, J. J.; Davidson, R. J. y De Waal, F. B. M. (eds.), *Emotions Inside Out: 130 Years After Darwin's* "The Expression of Emotions in Man and Animals". Annals of the Nueva York Academy of Sciences, 1000, 2003. [ubc-emotionlab.ca/pub/ (marzo 2005)]

————————————: "Putting the Self Into Selfconscious Emotions: A Theoretical Model", *Psychological Inquiry*, Vol. 15, N° 2, 2004 [ubc-emotionlab.ca/pub (marzo 2005)]

———————————— y Lagattuta, K. H.: "Can Children Recognize the Pride Expression?", *Emotion*, N° 5, 2005. [ubc-emotionlab.ca/pub (marzo 2005)]

Turner, Victor: *La selva de los símbolos*, Siglo XXI, Buenos Aires, 1967/1984.

Vrij, Aldert: "Credibility Judgements of Detectives: The Impact of Nonverbal Behavior, Social Skills and Physical Characteristics on Impression Formation", *Journal of Social Psychology*, octubre, Vol. 133, N° 5, 1993.

Watzlawick, P., Beavin-Bavelas, J., Jackson, D. 1967:48. Some Tentative Axioms of Communication. In *Pragmatics of Human Communication - A Study of Interactional Patterns, Pathologies and Paradoxes*. W. W. Norton, New York.

Watzlawick, P.; Bavelas, J. y Jackson, J.: *Teoría de la*

comunicación humana: interacciones, patologías y paradojas. Herder, Barcelona, 1967/1997.

Winkin, Yves: *La nueva comunicación.* Kairós, Barcelona, 1981.

Woolfson, Richard: *El lenguaje corporal de tu hijo.* Paidós, Barcelona, 1977/1996.

Zilio, Giovanni M.: *El lenguaje de los gestos en el Río de la Plata.* Universidad de Humanidades, Montevideo, 1961.

ACERCA DEL AUTOR

En la disciplina de la comunicación no verbal (CNV), el Dr. Sergio Rulicki es el primer especialista latinoamericano de habla castellana en alcanzar el máximo grado académico con su tesis doctoral: *La comunicación no verbal del carácter nacional argentino* (Universidad Austral, 2008). El presente libro surge de dicha tesis.

Los conceptos de cultura y de evolución son centrales en antropología, carrera de grado del autor. Ambos se combinan en su pensamiento y constituyen el eje de su comprensión teórica de la CNV.

Aunque sin los experimentos de laboratorio esta disciplina no hubiera podido avanzar, la metodología antropológica está basada en la observación directa de los seres humanos en el contexto *habitual* de la vida cotidiana. Por eso, al Dr. Rulicki le preocupa el aspecto perceptual y pone el énfasis en la descripción fenomenológica de los gestos y las posturas, más que en otras formas de acceso al conocimiento. En congruencia con este enfoque, la posibilidad de aplicación del estudio de la CNV al desarrollo de la inteligencia emocional es uno de los principales intereses de su trabajo.

El Dr. Rulicki brinda capacitación en CNV en empresas e instituciones con el propósito de colaborar con la mejora de su comunicación interna y externa. También dicta cursos abiertos dirigidos a todos los interesados. Estas capacitaciones están basadas en estrategias de integración de la comunicación verbal y no verbal con los principios del manejo eficiente del estatus, y sus objetivos son el desarrollo de las habilidades de liderazgo y trabajo en equipo.

Sergio Rulicki ha dictado capacitaciones y conferencias para diversas empresas e instituciones, entre las que se encuentran: Dow Chemical, Basf, Petrobras, Metrogas, Linde, LAN, Staples, Level 3, Thomson Reuters, Iron Mountain, Telmex, Garbarino, Ministerio de Salud de la Provincia de Córdoba, Banco Central de la República Argentina, Banco Hipotecario, BBDO, Wunderman, Universal Assistance, Sab-Miller (Panamá, El Salvador), Movistar (Panamá, El Salvador), Royal Radisson (Colombia), Standard & Poor's (México) y Novartis (España).

Desde hace varios años, el Dr. Rulicki es convocado en forma cada vez más asidua por los medios masivos de comunicación. Además de los numerosos reportajes radiales que le han realizado como referente de la CNV, ha escrito notas de actualidad para el diario *Perfil*, y ha participado como columnista en el magazine televisivo *Mañaneras* (canal América). Durante el año 2012 fue panelista del programa *Bendita TV* (Canal 9), y en 2013 continúa su participación en él, con informes grabados sobre el análisis antropológico de la comunicación verbal y no verbal de los personajes más populares de la Argentina.

Los proyectos del Dr. Rulicki incluyen un nuevo libro que resume y explica una serie de herramientas teórico-prácticas para el desarrollo de la empatía y la asertividad, la persuasión y la prevención del engaño, que llevan a la reducción de las posibilidades de conflicto y el aumento del consenso y la productividad. Muchos de estos conglomerados de comportamientos forman parte de un estilo que, independientemente de la nacionalidad de los interlocutores, representa una tendencia exitosa en la cultura de la globalización.

pág. 108, F51: © s_bukley / Shutterstock.com

pág. 110, F52: © DFree / Shutterstock.com

pág. 113, F53: © s_bukley / Shutterstock. F54: © Casiana Battista

pág. 118, F55: © s_bukley / Shutterstock.com

pág. 119, F56: © Featureflash / Shutterstock.com

pág. 120, F57: © carrie-nelson / Shutterstock.com

pág. 121, F58: © Helga Esteb / Shutterstock.com

pág. 122, F59: © Latinstock

pág. 123, F60: © Helga Esteb / Shutterstock.com

pág. 124, F61: © Featureflash / Shutterstock.com

pág. 125, F62: © Latinstock

pág. 126, F63: © Casiana Battista

pág. 128, F64: © Casiana Battista

www.ingramcontent.com/pod-product-compliance
Lightning Source LLC
Chambersburg PA
CBHW070756290326
41931CB00011BA/2037